经济学关我什么事

生活中的经济学

[德]文安德·冯·彼特尔斯多夫 ◎著

刘于怡 ◎译

北京时代华文书局

图书在版编目（CIP）数据

经济学关我什么事：生活中的经济学 /（德）彼特尔斯多夫著；刘于怡译. -- 北京：北京时代华文书局, 2016.5
ISBN 978-7-5699-0924-1

Ⅰ. ①经… Ⅱ. ①彼… ②刘… Ⅲ. ①经济学—通俗读物 Ⅳ. ①F0-49

中国版本图书馆CIP数据核字（2016）第098892号
北京市版权著作权合同登记号 字：01-2015-8553
© Frankfurter Societäts-Medien GmbH
Frankfurter Allgemeine Buch, 2013
All rights reserved

经济学关我什么事：生活中的经济学
JINGJIXUE GUAN WO SHENME SHI SHENGHUO ZHONG DE JINGJIXUE

著　　者｜[德]文安德·冯·彼特尔斯多夫
译　　者｜刘于怡

出 版 人｜王训海
选题策划｜胡俊生
责任编辑｜周　磊　余荣才
装帧设计｜李尘工作室　赵芝英
责任印制｜刘　银

出版发行｜北京时代华文书局 http://www.bjsdsj.com.cn
　　　　　北京市东城区安定门外大街138号皇城国际大厦A座8楼
　　　　　邮编：100011　电话：010-64267955　64267677

印　　刷｜固安县京平诚乾印刷有限公司　0316-6170166
　　　　　（如发现印装质量问题，请与印刷厂联系调换）

开　　本｜880mm×1230mm　1/32　印　张｜6.5　字　数｜180千字
版　　次｜2016年7月第1版　　　　印　次｜2019年5月第4次印刷
书　　号｜ISBN 978-7-5699-0924-1
定　　价｜48.00元

版权所有，侵权必究

献给：艾拉（Ella）　乔斯特（Jost）　贾斯珀（Jasper）
　　　雅各布（Jakob）　玛丽（Marie）　利奥（Leo）

好评推荐

经济学很重要。

想要有钱,想要赚钱,想要别人从口袋里掏钱……你就要懂得经济学!

本书用最浅显易懂的方式,告诉你什么是打折、什么是成本、怎么算利润……我觉得我也需要来一本呢!

——专栏作家　陈安仪

2015年一开年,歌坛天后"二妹"江蕙就投下震撼炸弹,宣布今年开完演唱会后封麦退隐江湖,一时之间预售票未开卖,就有众多熬夜排队者,而且队伍好长好长。于是买不到票者一大堆,抗议声此起彼伏,"黄牛"大为猖獗。其实用基本经济学供需原理分析就可清楚明了,是"供给不足"或"需求过多";在自由市场里,价

经济学关我什么事
ECONOMICS IN LIFE

格上扬就是结果。日常生活中,任何现象几乎都可用基本经济原理解释清楚,若人人都具备经济常识,人生会较平顺,社会也会较和谐。可是简单的学理难懂难教,通俗读本更难寻。这本用浅白易懂的方式、生动的笔调描述和解释生活中常见的经济知识,特别是针对年轻人下笔的充满趣味的书,可谓是填补了空缺。如作者所言,通过这本书,希望读者能看穿生意人的伎俩,不致上当受骗,落得"被人卖了还帮人算钱"的下场,诚不虚也!

——经济研究员　吴惠林

经济学之所以枯燥乏味,最大的原因是找不到经济学有趣的地方,但经济学的有趣就在于它水银泻地般深入我们的日常生活中,翻搅出意料之外的答案。彼特尔斯多夫的书让我们可以用另一种贴近生活的角度看经济学,有趣,绝对不乏味。

——科普经济学作家、资深产业分析师　钟文荣

一想到经济学大家难免会觉得深奥乏味,不过在我们的生活中,有超过一半的问题都是经济问题。这本书用日常生活中的例子来阐述经济学的奥妙,让你轻松搞懂经济学,重新掌握自己的经济大权,从此摆脱入不敷出的日子,尽情享受人生!

——著名财经博客　阿斯匹灵

好评推荐

这是一本引领读者进入企业及员工世界,了解金钱与国家、全球化与贫穷地区关系的最佳读物。本书生动活泼,不带半点说教意味的行文风格,不仅为年轻读者提供经济学入门知识,对一般阅读大众,也是非常好的常识读物。

——德国年度最佳经济学书籍奖主办单位

本书是一个最好的示范:再困难复杂的议题,都可以用简单的话语解释,就连薪资谈判及国家经济政策等复杂问题,都难不倒作者。

——德国《商业日报》

作者以年轻人身边事物为例,解释经济学的专有术语,比如用牺牲睡眠及约会、准备考试来解释"机会成本",可使年轻读者心有戚戚焉。

——《世界日报》

作者以贴近年轻人生活的例子,用平实简单的语言,讲解社会经济运作的原则,是学校极佳的补充教材。

——《阅读基金会财经教育专刊》

作者以生动的笔法，向读者提供丰富的经济学基本知识。

——德国股市（boerse, de）

本书证明，经济学不是衣冠楚楚"尖头鳗"（绅士，Gentleman）们的专属知识，作者以轻快的笔调，将原本枯燥艰涩的主题，摇身一变成为易读好懂的读物。

——《青少年的最爱》

作者深入浅出的笔法，使年轻或对经济学陌生的读者们，很快进入状态，轻松掌握经济学的基本概念，不愧为年度最佳经济学书籍奖得主。

——《黄金线上书评》

前　言

本书中有明星歌手小贾斯汀、阿根廷足球明星梅西，以及阿迪达斯、红牛、Nutella巧克力酱、T恤、车子等内容；还会出现亿万富翁、可怜的穷人、清寒或富家子弟等人物；甚至像脸书、Google、奔驰、MP3随身听或者网络等，都和本书内容有关。

看完本书，你会明白，是什么动力驱使发明家，创造出使生活更加便利的器具；能使小创意发挥出最大功能的企业家，其背后又是如何运作的。也会看到穷人如何致富，或富人如何变穷的过程。

还有，那些突然失去工作、只能枯坐于家中的长辈，也会出现在本书中。而那些从政者，从我们身上把钱拿走，除了兴办学校、修筑马路外，还付给自己薪水，这种做法是否合理，本书也会讨论。当然，本书也会告诉你，钱到底是从哪里来？还有，为什么人人均富是个无法实现的理想。

其实，本书所谈论的问题，统统都和一种特别的感受有关。这种感受，可以说是知道有能力实现自己决定的一种感觉，例如，想换个新发型、买部新手机、学习新知识或新技能，甚至是单纯买份报纸也一样。这种感受，可以称为"自由"。而自由，不能不牵涉到金钱；金钱，又和经济息息相关。

这问题其实一点都不复杂，所有人都应该能够填饱肚子、有房子能遮风避雨，并且应该对生活充满希望。如何才能达到这个理想，既是经济学的课题之一，也是本书的主题。

目录 CONTENTS

好评推荐//1

前言//1

第一章　经济关我什么事

衣柜里永远都少的那件衣服//3

如果没有面包，就吃蛋糕？//4

生活就是一堂经济学课//5

看见喜欢的东西就抢？//6

超市里的经济学//9

赚更多钱的老板，花更多钱的我们//11

为什么小贾斯汀的门票定价2000元//13

光是想要还不够，还要有钱买才行//16

只要有钱，就可以买更多的东西//17

货品要打到几折，店家才没有钱赚？//18

经济学关我什么事
ECONOMICS IN LIFE

商品定价由我来决定//21

知识补充包：为什么麦当劳店员总是问，要加点套餐吗//22

不要被骗了还帮别人数钱//29

谁来惩罚坏商人//33

为什么这样东西是你的，不是我的？//34

Facebook是垄断型企业//36

独占市场的合理性//37

知识补充包：休息站和超市里的可乐为什么售价不同//41

第二章　不想自己揉面团，所以开公司

杂货店也是企业？！//45

不想自己揉面团，所以我们需要企业//46

忙着烤面包的心脏科医师//47

生产什么才会卖？//48

不生产商品也可以是企业？//50

能销售才称得上是企业//53

我也可以当企业家吗？//54

成功企业的四大原则//57

我们手上的商品是怎么做出来的//58

愈大量制造，真的愈便宜吗//60

企业的钱从哪里来//61

为什么股票可以换钱//63

知识补充包：看不见也摸不着的证券交易所//65

当企业买下别的企业//67

第三章　欢迎来到22K的世界

爸爸为什么失业//73

为什么是他被录取，而不是我//74

谁决定我的薪水只有22K//76

薪资条上的数字秘密//78

被解雇了该怎么办//79

知识补充包：机器会抢走人类的工作机会吗//81

为什么足球明星梅西赚得比我爸多//83

第四章　钱永远都不够用

硬币为什么是硬币//91

可以自己印纸钞吗//93

经济学关我什么事
ECONOMICS IN LIFE

看不见的钱//94

银行正在偷偷挪用你的钱//97

好利息与坏利息//100

知识补充包:不值钱的有价证券//102

签了手机合约的那一刻,就开始负债//105

好债主与坏债主//106

为什么我的钱会变得不值钱//107

钱要怎么保值//110

欧元:是好主意吗//112

第五章　国家是个收银员

当收银员的国家//123

国家能帮我们做什么//124

管教"乌贼"//128

国家帮你付学费//129

政府不只花你的钱,还欠债//132

景气循环、经济政策与经济成长//135

什么是经济成长?是什么长大了//136

第六章　世界是座大金库

钱会跟着潮流走//145

网络钱淹脚目？//146

印度人与美国货//150

在德国种橙子，在西班牙造车//155

你买的是品牌，还是商品//159

贵了一千倍的牛仔裤//165

欢迎来到品牌世界//166

第七章　我的国家有钱吗

能赚到钱的就是好经济//170

私人财产的重要性//171

好官与坏官//173

大市场和小市场的通路//175

愈多海港表示愈有钱？//177

钱是靠读书赚来的//178

带来厄运的矿产//180

欧洲的原罪//182

对抗饥饿//183

后记//185

名词解释//188

ically 第一章

经济关我什么事

| 第一章 | 经济关我什么事

衣柜里永远都少的那件衣服

我的女儿埃拉有一些烦恼：她每星期要上一堂钢琴课、三堂篮球集训活动课；同时她还是个学生，课余时间除去做功课，有时还得帮忙做家事；此外，她也需要时间犯懒、跟朋友闲扯八卦、逛街买东西、找朋友出去玩等。对了，她还想学萨克斯、学唱歌、想参加舞台剧演出、想定期骑马与游泳，还有，每天都想睡个够。

要实现上述所有愿望，埃拉除了要有双倍时间之外，还要有更多的钱。毕竟，骑马等活动都得付费。或许，有个司机也不错，这样就可以带着埃拉赶场节省时间。人的愿望常常大于能力所及，也常常大于财力所允许，这种情形，经济学称之为"稀少性"（scarcity）。

埃拉面临的难题，正是"稀少性"的问题。身为一个平凡的女孩，跟其他人一样总有相同的烦恼，就是时间和金钱永远不够用。人人皆有"想要更多"的愿望，但内容则不尽相同。可能是更多的时间、鸡排、可乐、车子、健康、爱情、汽油、新鲜空气、假期、足球赛门票，或是更多的巧克力。而经济学的研究，就是要告诉我女儿及与她一样的人，该如何面对及解决这个问题。

如果没有面包，就吃蛋糕？

正是因为稀少性的问题，使得抉择变成必要。就像埃拉如果想接受篮球集训，就无法同时进行其他活动；或者，如果她每星期都去H&M买衣服，就无法存钱买iPod。有取便要有舍，这就是经济学最重要的概念之一。

读者可以想象一下：一家面包店里有50克面粉及其他烘焙材料，师傅可以使用这50克面粉来烤面包或是烤蛋糕，而师傅怎么选择就会造成决定性的影响：如果选择多烤面包，蛋糕就会变少；少烤面包，蛋糕就会变多。

这就是稀少性带来的影响，不只面粉会用光，时间也是一样。在决定选择某种事物时，便同时代表放弃其他的事物，也就是说，所有决定都要付出代价。经济学家则说，所有选择都会产生"机会成本"（opportunity cost）。而"机会成本"中的成本，包含意义甚广，不仅是金钱，而且是所有因选择而失去的可能性换算成的价值。

举例而言，某个学生想好好准备隔天的数学考试，就必须牺牲掉睡眠时间，还得取消跟女朋友的约会。在这个例子里，睡觉时间和女朋友的约会，就是准备数学考试的"机会成本"。如果女友因此生气，从此不给他好脸色看，"机会成本"就会大幅提升。

换句话说，正因为人不可能拥有一切，所以所有决定都要付出代价。生活不是过家家，不是想要什么就可以得到什么的童话世界，不可能毫无限制地拥有所有的东西。

生活就是一堂经济学课

经济学家思考经济生活时，会从三个基本问题出发。

第一，该生产什么，要生产多少，必须提供市场多少才够？像面包店这类商家，便经常面临到底该烤蛋糕还是面包的抉择。大企业和各国政府也一样，必须不断面对类似的问题而做决定。例如，原油该用来生产汽油还是塑料花？钢铁要用来制造汽车还是刀子？城中心的地皮要拿来盖学校、银行，还是开舞厅？

第二，谁来接手生产的工作？是面包店里的师傅，还是面包工厂？生产地该在日本还是德国？或者巴西？还是柏林附近？是国有企业还是民营企业？

第三，该如何分配生产出来的成品？谁可以得到？又该得到多少？

这三个问题便是经济学的核心问题。所有具有稀少特质的事物，都得小心处理，并做合理分配。

看见喜欢的东西就抢？

就理论而言，上述问题可以有三种解答。

暴力

直接用暴力强占本来不属于自己的东西。这种方法直至今日仍然到处可见，如因为抢夺钻石矿场、油矿、水源所有权，或是土地所引起的战争等。历史上大部分战争，多半是因为觊觎别人手上更大的蛋糕所引起。除去战争，抢劫银行或加油站，也是类似的行为。而抢劫，则更常发生。

第一章　经济关我什么事

国家决定

所谓的计划经济（planned economy），就是将所有问题，例如，谁来种何种农作物，该拿多少面粉来做面包，或如何分配面包等，都交给国家来做决定。这种方法听起来颇为理性，可惜，历史经验告诉我们，国家其实没有能力做好这件事。直到1990年前，所有东欧国家都施行计划经济，也全都失败了。失败的原因很复杂，其中之一是人们再也受不了总是要排很长的队伍才能买到肉或奶酪等日常生活用品，这说明国内市场供需严重失衡。现今的德国东部地区，当时还是一个独立国家，正式国名为"德意志民主共和国"（Deutsche Demokratische Republik），也出现同样的问题。就历史而言，第二次世界大战结束后，东、西两德重新建国时，两者的客观条件并没有太大的差距，但发展结果却大为迥异。

计划经济里最大的特色就是一切由中央计划统筹，由政府官员考虑，决定人民需要什么。但是计划通常很死板，且无法随时变通。而且，在这种制度下，一位特别勤奋工作的人，除了可能得到一面奖牌之外，并不会获得其他如加薪等实质报酬。总之，计划经济体制不仅不奖励勤奋，而且常常不知道人民的需求是什么。

市场机制（market mechanism）

想象世界就像一个超级巨大的市场，买家和卖家全都聚在这里，对着想买及想卖的商品讨价还价。不管商品是巧克力、地皮，或是原油，出价最高的人就可以买下它。这种经济体制不仅在欧美各国，在全球其他地区或多或少皆可通行，这就是所谓的市场经济（market economy）。

每个城市都有市场，大部分市场都有其开放时间的限制，只不过经济学家口中的市场定义不太一样：无论在何处，只要有一个买家与一个卖家产生联系，就算在网络上也一样，皆可称为市场。而且，对经济学家来说，市场经济的运作机制，跟传统市场的运作，并没有任何不同之处。

德国施行的是市场经济，因此，解释这个机制如何满足人们对货物（所有有形产品）及服务（所有拿不到实体物品但必须付钱的交易，如理发）之需求，是本书的重点之一。以下，我们将从消费者的角度出发，并从产品这一端开始说起。

超市里的经济学

要进入经济学世界，可以从生活中常见的超市开始说起。

生活经验告诉我们，超市货物架上总是摆满了琳琅满目的商品：有三十多种的酱菜罐头、四十余种不同口味的豆干、各式各样的糖果饼干，还有饮料、冷冻水饺、水果蔬菜，以及肥皂、沐浴乳和洗发精等，所有日常生活所需，都可以在超市买到。

既然超市商品如此充足，为什么还会有稀少性的问题呢？事实上，在一般情况下，消费者的确感受不到商品稀少的威胁，只有在特殊的状况下，例如，想买特定品牌特定口味的冰淇淋，却正好销售一空时，消费者才会感受到不足。

不过，在谈论商品稀少问题前，必须先说明一个问题：为什么超市货物架上能够堆满各式各样的商品？

超市将货品上架的人，通常是员工或者兼职学生，老板付钱请他们将货品上架。这很清楚，没什么疑问，但是，谁来计划或决定货物架上该摆出什么商品？再者，为什么会做出这样的决定呢？

在市场经济里，政府、议会、官员都不会插手过问超市里该卖什么商品。决定权掌握在超市老板的手里，由他负责，将超市货物架上填满各种口味的面包、果酱及冷冻水饺。他的决定，则取决于一个信念，即这些商品会被买走，他可因此赚钱。

首先，老板必须花钱进货。例如，进货时一瓶果酱70元，贩卖时则标价100元，差价30元便暂时可算是收入。如果一天卖出30瓶果酱，就可以赚得900元。大部分超市所卖的商品不只是果酱，还有咖啡、糖果、饼干等其他商品。在德国一家中小型超市里商品总数有八百多种，中大型超市则可达三千多种。

超市老板若想赚钱，只有一种方法，即货品卖出的价格，要比当初进货时的价格高。所有商人都想获利，而且，利润愈高愈好。所谓利润（profit），便是总收入和总支出之间的差额。也就是说，收入金额减掉支出金额等于利润。

不过，超市老板的支出不只是跟批发商或食品工厂进货时，所付的价钱，他要付薪水给店员、缴水电费，还要付钱买标价机、条形码扫描仪、收款机等装备。因此，超市老板只有一个目标，即是尽可能提高果酱等商品的售价，以期获得最大利润。

乍看之下，超市的利润似乎很不错，德国也有许多超市，甚至每星期都有新超市开张。不过，仍然会发生超市倒闭关门的事件，关于此点，后文再解释。

| 第一章 | 经济关我什么事

赚更多钱的老板，花更多钱的我们

超市货物架上之所以堆满商品，跟老板的直觉与意愿有关。而老板愿意花力气补充货源，维持商品不致匮乏的最重要原因，并不在于讨好顾客，而是老板想卖更多的商品，赚更多的钱，这就是所谓的利己主义（selfishness）。

经济学家相信，人性本来自私，而自私，便是支持市场运作的主要动力。商人想要为自己及家人尽可能赚更多的钱，便设法寻找消费者可能想要的商品，不管是巧克力棒、泡面、牙膏，还是意大利面条，再将这些商品摆到超市货物架上贩卖。简单地说，就是因为想赚钱的自私心理，货物架上才可能堆满商品。

关于此点，生于18世纪的苏格兰哲学家亚当·史密斯（Adam Smith），也是公认的经济学之父，曾于不朽名著《国富论》（*An Inquiry into the Nature and Causes of the Wealth of Nations*）里写道："屠户、酒肆及米铺之所以供给我们的日常饮食，并非出于善心，而是为了图利。我们所能仰仗的，不是他们的仁慈，而是他们的私心。我们可与他们谈论的，不是我们的需求，而是他们的利益。"①

由此看来，经济学家对人性的看法颇为简单。他们认为，人们永远会选择对自己最有利的一面。而对商人来说，卖泡面当然要比送泡面有利多了。

不过，这并不代表经济学家认为人是冷酷无情的。实际上，利己并非绝对造成损人的后果，事实可能正好相反。举例而言，商人卖泡面给我，是因为他想赚我的钱，而我将钱给他，是因为我想吃他的泡面。通过这个交易行为，我与他两人各取所需，因此，通过交易，两人都更为满足。不过，将自私自利视为人类行为的最大原动力，听起来还是相当令人不安的。况且，当商人为所欲为时，谁来保护消费者呢？

---

① 本书最早的中文译本是清末严复所译，书名译为《原富》，为中国近代经济学理念之启蒙大典。此段严复译文为："市于屠，酤于肆，粜乎高廪者之家，以资吾一飧之奉，非曰屠肆高廪者之仁有足恃也，恃是三者之各恤其私而已。入日中之市。而与蚩蚩者为易也。"

| 第一章 | 经济关我什么事

为什么小贾斯汀的门票定价2000元

小贾斯汀全球巡回演唱会的德国场地可容纳上万人，普通门票价格约在50至80欧元之间，对12~16岁的青少年歌迷来说，这样的门票并不便宜。虽然如此，全球各处的演唱会门票仍是在极短的时间内被抢购一空。小贾斯汀演唱会热门程度，可从拍卖网站eBay上一探究竟：早在演唱会开演大半年前，便有人在eBay上拍卖门票。门票之所以抢手，是因为小贾斯汀无法让所有歌迷进入演唱会场。因此，歌迷们必须抢夺有限的门票。而为了获得更高的利润，有些人则会在演唱会现场兜卖"黄牛票"，售价甚至可能高达原价的两倍。

商品供需关系所造成的规则大致如下：当演唱会门票需求大于供给时，价格就会不断提高，导致欲购门票者因无法负担高价而退出，进而达到供给与需求量一致。

既然小贾斯汀的演唱会如此热门，举办单位为何不提高门票价格，如此一来不是可以赚更多的钱吗？

像小贾斯汀一样的明星歌手本身其实就是一个小型企业，他们身边有经纪人，为他们决定演唱会门票价格之高低。在决定价钱时，经纪人必须考虑许多因素，例如，他们会计算，歌迷每个月可以自由运用的金钱有多少；小贾斯汀的歌迷大多是青少年，还是拿零用钱的年纪。根据统计数据显示，德国10~13岁的青少年，每个月零用钱平均是30欧元，外加生日及圣诞节可各得约100欧元。另外，青少年每个月手机花费大约是10至15欧元，通常父母也会对这项费用稍作补助。如果演唱会票价太过昂贵，就算是忠实的歌迷也只能放弃，毕竟，为了一场演唱会，放弃打电话聊天及看电影等其他生活娱乐并不太明智。从这点来看，明星歌手决定演唱会票价高低的自由度，便局限在歌迷零用钱的多寡上。

不过，小贾斯汀的经纪人也很聪明，设计出两种不同的门票，除了一张50~80欧元的普通票，还推出另一种高达200欧元的贵宾票。毕竟，还是有些歌迷可能会不顾一切倾囊而出。再者，有些青少年歌迷或者出身富裕，或者常从祖父母处得到额外的零用钱，因此也有能力负担高价门票。

对小贾斯汀的经纪人而言，最重要的问题就是决定门票该卖多少钱：定价过高会吓跑歌迷，定价过低则获利不足。明星歌手和面包师傅等一般商人相同，都必须考虑金钱这个现实的问题。

很明显，价格和需求之间有密切的关系。所谓需求，也就是购买欲望。顾客只能在经济条件允许的情况下，买下他想要的商品；而商品的价格，至少要使商人有利可图，而且为了赚更多钱，必须尽可能地提高价格，但也不能过高而吓跑顾客。

这种机制造成一个相当令人安慰的结果：身为歌迷或是消费者的普通大众，在面对明星歌手或是商人时，并非毫无办法只能任人摆布。商人必须了解并顾及消费者的购买欲望及支付意愿，否则他推出的商品将会无人问津，标价过高，对他自己也会造成伤害。

以超市为例，多年来商品价格皆可保持相对的稳定，就价格而言，同一商品较之几年前，并未有显著的提升。

当商品不仅在一家商店里，而在多家商店里贩卖时，或者，不只是一位歌手，而是许多歌手皆想赢得青少年歌迷们的芳心时，这种因需求的力量所发展出来的机制，运作将会更加顺利。因为消费者可以自行选择哪里可以买到最便宜的商品，也可在众多演唱会中寻找购买他们可以负担的门票，这就是竞争（competition）的原则。关于竞争，后文还会有更详尽的解说。

经济学关我什么事
ECONOMICS IN LIFE

光是想要还不够，还要有钱买才行

几乎所有人都一样，当我们站在服饰店或美妆药品店里，考虑是否要买某件商品时，两个最关键的问题便是：第一，真的想要这件商品吗？第二，是否有能力购买它？只有在以上回答皆"是"的情况下，我们才会掏钱买下来。

首先，得产生想拥有商品的欲望，接着便需考虑价钱的问题。假使标价过于昂贵，我们会先暂时放弃购买，等到打折时才可能掏钱买下。有时，我们也会因为商品价格便宜，而买下原来并不想要的东西。

经济学家发现，产品价格昂贵与否，取决于个人观感。某些产品，就算价格暴涨，仍然无损其市场行情。就像嗜烟的瘾君子，虽然香烟价格持续上涨，仍然不会舍弃购买；或如糖尿病患者，只要还能负担，绝不会放弃购买胰岛素；又如石油，近年来价格虽然持续上涨，但各加油站里仍然不乏等待加油的车子。

消费者对价格的容忍度，则因人而异。经济学家称这种现象为

"需求的价格弹性"（price elasticity of demand），需求价格弹性高的商品，只要价格上有一点小波动，便会影响消费者的购买意愿；反之，若商品缺乏需求价格弹性，则不管价格如何高涨，仍然无损其市场行情，就像病患不会因为药品涨价而放弃购买一样。

除了价格，还有其他因素也会影响我们的购买欲望。以巧克力为例，如果我们已经吃了两盒巧克力，第三盒就必须非常便宜又好吃，才可能引起我们的购买欲望。这种情况也代表，第一盒巧克力的价值，对我们来说比起第三盒要高出许多。我们付钱购买甜食的意愿和食用产生的满足感有关。这种满足感是一种商品的附加价值，由我们对鸡排、脚踏车或巧克力等商品的期望所产生。

只要有钱，就可以买更多的东西

改变购买行为的最大因素，便是拥有金钱的多寡。如果我们很有钱，就能买下很多东西。就像有钱人的车库里常常不只停着一辆车，而是三辆或四辆车，而且他们喜欢昂贵的车型，而不是罗马尼亚或韩国车。如果我们有钱，便可以买名牌服饰、昂贵的珠宝首饰、去高消费的地方旅游，或者去美食餐厅吃饭，而不是路边摊。

经济学关我什么事
ECONOMICS IN LIFE

商人深谙消费者这种行为，因此，他们根据各种不同消费能力的顾客群推出不同的商品：流行服饰除了时尚精品还有平价品牌，旅馆则有平价及奢华之分。如果整体经济发展突然变坏而造成大量失业人口时，昂贵商品的销路，长期来看一定会变差。不过，在短时间内或许还看不出差别，因为就算失业，人们也不会骤然改变自己的生活习惯，就算明知负担不起，还是一样会出门看电影及旅游。理由很简单，因为他们不想被人说闲话。

货品要打到几折，店家才没有钱赚？

之前已经提过，商人必须注意消费者的意愿。所以，货物架上的商品，必须是消费者感兴趣的东西，在制定标价时，也必须对消费者的支付意愿有所了解。不过，除此之外，还有更刺激的挑战：商店的老板如果不想落入倒闭关店的命运，便必须密切注意其他商人的动向。因为其他商人跟他一样，都想赚顾客口袋里的钱，这些商人便成为他的竞争对手。而吸引顾客的最佳方法，就是压低商品价格以求薄利多销。

举个实例说明：有五位专卖牛仔裤的商人，每人每星期可以卖出100件牛仔裤，每件卖2000元。其中一位商人想赚更多钱，便改成每件只卖1600元，这样一来，每件牛仔裤的获利变低，但他先不管这一点。而面对这种价格变化，消费者会如何反应？如果都是一样的牛仔裤，消费者自然会买最便宜的商品。其他四位竞争对手又会如何反应？如果他们继续维持同样的售价，很可能一件都卖不出去，所以，他们必须跟着降低价格。

这种彼此竞争的现象，就是市场经济里最重要的运作机制。为了抢夺客源，许多商人甚至不惜削价竞争，如此一来消费者就有许多选择，商品也会因为商人的自私自利而保持低价。如奇迹一般，无需政府插手，市场经济机制便可维持运作。

当一个商人的竞争对手愈多，他可以提高售价的机会也就愈少。因为只要他的商品卖得比别人贵，顾客在不会造成太多麻烦的情况下，就会转到别处消费，所以，他宁愿保持低价。

但是，价格可以降到多低呢？太夸张也是不行的。每个商人都要支付账单：牛仔裤得先跟批发商进货，还得付店面租金和店员的薪水，更别说店主自己的生活费，全靠生意所得来支付，况且，还必须承担货品卖不出去的危险。

从长远来看，商人的收入必须大于支出，否则就只能等着关门大吉。因此，牛仔裤也不能卖得太便宜，价格再低，也要有利可图。不过，面对这个问题，商人也不是毫无办法，他可以想法减少

经济学关我什么事
ECONOMICS IN LIFE

开支。例如，将店里的灯泡换成省电灯泡，要求房东降低房租，或是寻找更便宜的批发商进货，或干脆直接跟成衣工厂进货，省下批发商的中间利润，以便提供更便宜的价格来吸引顾客。

不过市场并非一成不变，商品价格瞬息万变，上下波动是常态。十年前只有少数厂商敢推出色彩鲜艳的海滩鞋，并将其命名为flip-flop，一双售价50欧元。由于市场反应良好，其他厂商纷纷跟进，推出各式各样的海滩鞋，价格也因此慢慢下跌。现在，在德国只要2欧元便可买一双flip-flop。

从这个例子中，我们不难看出市场的发展趋势：某厂商推出新型的昂贵商品，吸引许多人购买，其他厂商一探得商机，便纷纷跟进，推出价格较为低廉的类似商品，促使消费者舍贵择廉。只要还能获得利润，就不断有厂商跟进争夺市场大饼，进而促使同类商品充斥市场，价格大跌。或者，厂商也可以改变商品形态，使消费者仍然愿意付出高价购买。以海滩鞋为例，就有厂商推出纯皮，甚至镶上宝石等之高档flip-flop。

| 第一章 |　　经济关我什么事

商品定价由我来决定

市场竞争极度化的状况被称为"完全竞争"（perfect competition），是一种学术上的想象模式。在完全竞争的市场里，顾客是国王，而商人几乎完全被动，任由消费者主导市场走向。只要商人敢提高价格，便会马上失去市场，且立即出现新的竞争对手，以薄利多销的手法抢走顾客。在这种极度竞争的市场里，几乎不允许任何商人有利可图，因为只要还有图利的空间，马上就会出现新的竞争者，压低价格，直到毫无利润可言。

事实上，市场竞争有时的确非常激烈，如超市卖出100欧元的产品可能仅获利1欧元。不过，这种状况鲜少发生，尤其是极端状况，仅存在于经济学家的想象中。况且，当顾客决定购买某种产品时，价格并非唯一的决定因素。假使顾客只想买个面包，四处比价寻找最便宜的面包，得花掉许多时间与精力。所以，顾客通常只会光顾自己熟悉的面包店，除非面包变贵变难吃，才可能会换到另一家店购买。价格，通常不是顾客选择店家消费的唯一决定因素。

经济学关我什么事
ECONOMICS IN LIFE

知识补充包：

为什么麦当劳店员总是问，要加点套餐吗

贪小便宜标价法：以399元取代400元

无论是网络费率、音乐光盘、LED 手电筒或是闹钟，不少商家都喜欢将商品定价标成尾数为9。为什么不取整数呢？因为商家认为，一张399元的光盘，会比400元容易吸引顾客购买。他们认为，顾客对标价中头位数的敏感度要比尾数高，头位数较低，较容易吸引顾客掏钱购买。

不过，实情真是如此吗？学术实验证明，这种想法虽然有时可行，但并非通例。对某些顾客而言，尾数为9的标价的确会刺激购买欲望，但对另一些顾客而言，这种标价只会使他们产生被骗的感觉。

美国一家邮购公司在80年前便曾进行过一项试验，印制两份标价不同的产品样册，测试标价尾数为9的方法，是否真的有利于销售：一份产品样册上的价格皆为整数，如10、50或100元，另一份则使用所谓的"畸零定价法"（odd pricing），将价格标为9、

49或99元。实验结果则大出商家的意料，两份产品所获得的订单数量一样多，标价不管是整数或是畸零数，并未带来任何差别。

德国经济学家汉诺·贝克[①]曾提出一个有趣的说法，解释为什么许多商家至今仍然喜欢使用"畸零定价法"。他认为，这种标价的最大作用是让收款机不断开启，发出铃声，使店主安心。因为，这种标价使得顾客结账时，几乎都得找钱，要找钱店员就必须开启收款机发出铃声，而无法将钱吞入私人口袋。通过收款机的铃声，店主就算不在旁边，也可以知道店员确实使用收款机而安心。

为什么有免费手机

近年来在手机门市里不难发现，不少手机皆标价0元，这不免让人怀疑，为什么会有免费手机这么好的事情呢？任何稍具常识的人都知道，三星或Nokia生产手机，不可能是为了拿来免费大放送的。

不过，仔细研究便会发现，免费不是没有附加条件，顾客必须与电信公司签下手机合约，才可能获得0元手机。几乎是所有电信业者都一样，通常顾客得绑上两年合约，才有免费手机可拿。在这两

---

① 汉诺·贝克（Hanno Beck），现为福兹海姆大学（Hochschule Pforzheim）国民经济与经济政策教授。

年间，电信公司从顾客手中收取的费用，便足以支付他向厂商购买手机的费用。

这些电信公司都很聪明，新上市的流行手机通常很贵，一部功能较佳的智能型手机动辄一两万台币，昂贵的价格可能会使许多年轻人望而却步，但是，没手机就不可能通话，电信公司也就无法赚钱。既然手机热卖对自己也是好处多，电信公司便干脆将销售手机的业务包揽下来。

电信公司的客户，每个月都必须缴固定的费用，虽然实际上也包含了手机售价，但月租费的钱数不会像单售手机那样吓人，对顾客来说，掏钱买下较无心理负担。此外，电信公司也推出各式"吃到饱"的方案吸引顾客，许多消费者认为，这种"吃到饱"的合约，是一种相当划算的计价方式。

不过，真相又是如何呢？实际上，人们常常得因此付出更多的钱。因为这类合约总会因限制而出现例外，而生活中则充满了意外，可能因为好友所属的电信公司换成另一家，或是"吃到饱"项目不含简讯，得另外收费，而造成月结账单超出原先合约的两倍之多。

或许我们应该牢牢记住，不管是手机或是智能型手机，总是比预期还要昂贵。

套装优惠价的陷阱：为什么麦当劳店员总是问，要加点套餐吗

通常快餐厅提供的套餐价格，会比单点汉堡、薯条和饮料三项总和便宜约15%。乍看之下仿佛很划算，但这类优惠价格常常引诱顾客买下原本不想买的东西。

或许读者会问，这是真的吗？不要怀疑，如果不是这样，麦当劳就不会推出套餐优惠，店员也不会在顾客只点了一份汉堡时，老是追问，是否要加点套餐。如同麦当劳，微软也有相同的做法。微软推出的Office 软件包，消费者不仅可用它来做字处理，还可以用来做演示、处理复杂的数学运算及各式各样的功能。消费者如果单买个别软件，全部加起来一定比起软件包要贵上许多。

套装价格自然比较便宜，但是里面所包含的某些软件，许多消费者大约这一辈子都不会用到。就以笔者为例，笔者从未开启过电子表格Excel，但却花钱买下。优惠价格容易吸引消费者，买下一些原本不需要的东西。

打印机墨盒里的诡计

商人诱使消费者花钱的手法还有许多，其中一项则和打印机有关。许多打印机本身价格便宜，但却使用价格昂贵的特殊墨水。而

消费者只能跟生产打印机的原厂购买墨盒，因为不同的打印机各有不同的墨盒，墨盒里的墨水也非同寻常，是特殊墨水。通常，墨盒就跟打印机一样贵，从长期来看，生产打印机的公司，实际上并非靠机器本身赚钱，而是靠墨盒和墨水。

不过由于竞争机制，市面上也出现专卖打印机墨水的公司，低价提供顾客墨盒再次填充的服务，这使生产打印机的公司大受威胁。不过，这种廉价的墨水自然有其风险，消费者无法得到与原厂墨水一样的质量保证。

与打印机公司采取相同策略的，还有制造刮胡刀的吉列公司（Gillette）。吉列不仅贩卖刮胡刀，还有刀片。而吉列公司生产的刀片非常特殊，不仅无法与其他品牌的刮胡刀兼容，甚至同一品牌不同型号也不相容，每一种型号各自拥有特殊的刀片组。每一刀片组的单价，通常与刮胡刀本身一样贵。

据说，这种机器便宜耗材贵的手法，起源于19世纪末美国石油大亨洛克菲勒（John D. Rockefeller）。当他在得克萨斯州（Texas）开采出大量石油时，尚未发明汽车，石油主要用在油灯照明上。为了拓展销路，洛克菲勒灵机一动，送给大清帝国一百万盏油灯。表面看来是一项赔钱的慈善之举，但这一大批油灯如果要继续点燃，就必须不断地向他购入石油。借由这种方式，洛克菲勒赚进大把钞票，成了全美首富。

销售打印机、刮胡刀和手机的厂商都具有相同的想法,即是吸引顾客持续不断地购买他们的商品,这种情况有点像消费者进了迪士尼乐园,虽然买了门票,想搭最酷最好玩的云霄飞车时,还得额外付费一样。

欢乐时光之优惠时段(happy hour)

不少酒吧会在晚上七点到八点时,推出鸡尾酒半价优惠招揽客人,英文称为happy hour,意即欢乐时光。

店家推出这种优惠时段,无非希望借此吸引顾客,在冷门的营业时段上门消费。运气好的话,客人还会在优惠时段结束后留下来,点杯恢复原价的鸡尾酒,继续消费。同时,酒吧也会因此保持人气,不至于太冷清,热闹的气氛容易吸引新顾客上门。而且,就算半价优惠无法完全支付这时段的营业开销,但至少不无小补,可抵消部分营业开支,如店面租金这类不管有无客人上门,都得支付的成本。

这种优惠时段的销售手法,不仅餐饮业经常使用,有些博物馆也会推出减价时段,甚至许多城市的大众公交系统,也会在交通尖峰时段之外,提供优惠票价,吸引乘客使用。

反其道而行的高价销售法

销售手法的奇招之一,便是将商品定位成高价商品。就像某些化妆保养品的标价,是其他同类产品的十倍之高,但却因此受到顾客青睐,认为这些高价化妆保养品质量极佳。实际上,这些保养品的真实成分为何,顾客无法理解,因为他们不是化学家,看不懂包装上的成分标示。而顾客如何确信,这些保养品的确值得花大笔钱购买呢?德国营销策略专家赫曼·西蒙(Hermann Simon)教授发现,顾客挑选保养品的两个重要标准,一是包装,二是价钱。包装不可粗糙,而价格不可便宜。因为价格便宜容易被认定是劣质商品。

西蒙教授以德国专门制造小家电的克鲁柏公司(Krups),在19世纪80年代的遭遇为例。当时,克鲁柏推出一款新型的电动刮胡刀,售价仅25马克,当时,竞争对手百灵公司(Braun)的电动刮胡刀,标价则高达75马克。一开始,所有消费者都不相信,克鲁柏有能力生产出质量优良且一款只要25马克的电动刮胡刀。最后,克鲁柏只好把标价提高成原先的两倍,才开始受到消费者的青睐。

不要被骗了还帮别人数钱

信息

了解商品标价里暗藏着各种诱导顾客花钱的玄机后，或许会对消费者的自主性产生怀疑。但是，消费者并不总是处于被动，面对商品的价格陷阱，可以通过两种方式主动出击：一是购物前的信息搜集；二是购物后的申诉抱怨。

从前，购物信息搜集不外乎搜集并比较广告传单，或是四处打听，可以通过电话，或者亲自到各商店卖场比价。现在购物前的比价工作，则主要是通过网络解决，消费者可以进入比价网，寻找最便宜的卖家，或是搜寻制造厂商及各经销商的网页，自行比价。就算不想直接通过网络购买，消费者还是可以根据网络搜集的商品价格信息，前往住家附近的商店议价。

如今，网络造成更激烈的市场竞争。从前，商家仅需留意附近商店的价格动向，现在连远在几百公里外的商品售价也得一并留意。网络消弭空间距离，提供消费者更多比价空间，使得街角附近商家，也必须与几百公里外的大卖场进行价格攻防战。

由此可知，启动市场竞争机制，不仅需要多家商店提供同一类型的商品，而且消费者也必须拥有渠道获得足够的信息，才能形成有效竞争。

不过，网络所提供的信息，常常也未必正确。在网络搜寻产品，不管是套装行程、餐厅订位或是购买书籍时，常可以读到产品评价信息，供消费者参考。这种设计本来立意良善，但实际上，许多评价及留言内容其实是假造的。例如，有些作者动员亲朋好友在亚马逊网络书店（Amazon）网页上，发表赞美连连的好评，或是旅行社将与其签约的破旧旅馆描述成人间天堂。甚至有些收费的职业写手，专门在各网站上撰写产品评价，以吸引买家。所以，消费者千万别忘记，特别是看到一面倒的好评时，请记得保持戒心。

信任

信息很重要，但单单只有信息也没用。例如，有人想买部二手车，在浏览各式信息后，突然产生疑虑，毕竟，光从汽车外表无从得知，车况到底如何，还能够使用多久？作为卖家当然知道汽车本身有什么毛病，但常因求好价钱而隐瞒不说。最后生意无法成交，因为买家怀疑车子可能有什么毛病。

做不成生意的原因有二：一是卖家所掌握的信息比买家多太多；二是买家无法信任卖家。或许有人会说，就算这样不过是车子卖不出去，并无大碍。但是，这种情况还是颇令人遗憾的。一辆仍可以代步几年的好车，找不到合适的车主，这种状况就像是丢弃一部功能仍旧良好的黑胶唱盘机一样，令人心疼。

该如何解决这个问题呢？或许买家可以花钱请技师，代为仔细检查相中的二手车是否有问题。虽然必须花钱，但买家可以安心。或者，卖家也可以委托专业的检测机构测试，为车子开出评估单。如果顾客信任检测机构及其所开出的证明，则可能促使生意成交，但买家如果仍然怀疑证明的真伪，则一切照旧，交易无法完成。

商人该如何获得消费者的信任呢？要取得消费者的信任，商人必须诚实。以银行为例，银行的经营者，社会形象必须良好，一般人只会在自己觉得可信任的银行里开户存钱。一旦有人怀疑，银行经营者可能会卷款潜逃，银行将立即陷入挤兑倒闭的危机。

而银行家如何获得消费者的信任？例如，将银行设立于地段昂贵的大厦中。一般大众总觉得，拥有昂贵房地产的人，不可能一夜之间卷款潜逃。同样地，银行业的从业人员，衣着规矩也比其他行业严格：男生必须西装笔挺并系上领带，女生则是连身套装。银行主管则通常是国际狮子会（Lions Clubs International）或是国际扶轮会（Rotary International）的会员，这类国际性组织相当严格，新会员必须获得其他会员的首肯,方准入会。

赢得消费者信任的方法还有许多,其中之一便是邀请明星为产品代言。明星身价虽然昂贵,但是对厂商而言,花下这笔钱仍是值得的。因为连明星都愿意使用的产品,对消费者自然有不可言喻的吸引力,而且,厂商相信,付给明星的巨额代言费用,一定可以从销售中收回。因此对明星来说,形象是一件很重要的事情,在选择担任产品代言人时,也必须慎重考虑,以免破坏形象。

当年德国电信公司(Deutsche Telekom)私有化、股票上市时,曾聘请德国知名演员曼非雷德·克鲁克(Manfred Krug)拍摄广告,促销股票。19世纪80年代克鲁克在德国长寿电视影集《犯罪现场》[①]中扮演警探,形象良好且深入人心。但股票上市不久,德国电信便频频爆发丑闻,导致股价大跌,一时之间群起哗然,不仅德国电信,连克鲁克都成了众矢之的。不少股民宣称,因为克鲁克形象良好,博人信任,才购入德国电信股票,而这场股市风波,让他们感觉受到欺骗。为此,克鲁克还公开向大众道歉。

无论如何,诚实的态度及应变有道,是赢得信任的不二法门,好名声跟坏名誉一样,也很容易传开。

---

① *Tatort*,此影集从1970年开播至今,从未间断。

| 第一章　经济关我什么事

谁来惩罚坏商人

商人必须有信心，相信所有跟他购买产品的顾客都会付钱。若缺乏这份信任，做生意必须冒着失去一切的风险。若还冒着风险开店做生意，是一件非常不明智的事。

在完善的法令规范下，有一套法律程序制裁欠账不付的顾客。在德国，欠账的顾客首先会收到一封措辞客气的提醒信函，置之不理的话，就会收到催缴通知。若顾客仍然视若无睹，所谓的法庭执行员（Gerichtsvollzieher）就会出现，代债主收账。按照德国法律规定，法庭执行员会去欠钱者家里，要求付款，若没钱偿还债务，则会没收家中较为值钱的物品，如电视音响等，代为拍卖，再将所得款项交给债主。

除此之外，商人也必须具备信心，相信自己会被公平地对待，才可能放心地做生意。

所谓公平对待，即是法律之前，无论是大企业经营者，或是街角小吃摊主，人人平等。

维持公平的主要机构,除了法庭之外,主管地籍管理的各级地方政府机关,也负有重要的责任。在各地方政府机关里,皆存有土地及房屋所有权者的详细资料,确保不会发生陌生人到自家住宅敲门,宣称房子是他的荒谬事。

为什么这样东西是你的,不是我的?

一件物品会受到什么样的待遇,常常跟这件物品的主人是谁有关,不管物品大小都一样。因此,在经济活动中,确认所有权是一件极为重要的事。举例而言,图书馆里的书,通常会比私人藏书容易破损(不过,为什么男同学的书总是比女同学的书看起来破烂,是一件无解公案)。或者,比起租屋的房客,房主总是较为关心房屋的状况;对房客来说,潮湿的地下室或墙壁油漆斑驳龟裂,只要还能忍受便不怎么关心,毕竟,房屋不是他的,如果屋况真的糟到无法忍受时,找到新房子搬家就行了。

但对房主来说,事情就不是这么简单了。就算可以卖掉房子眼不见为净,但房屋毁损破旧的话,也无法卖得好价钱。

同样地,公司老板也很少休假,因为他必须掌握所有工作流程、监控产品质量,并设法获取最大利润。而获利的关键则是买家及顾客的满意度。公司雇用的一般员工无法分得公司红利,对他来说,客户对公司是否满意并非要事,争取职位升迁或是更多休假才是最值得关心的事情。

不少公务员也有同样的心态。在德国,市政府开放民众服务时间可能还不到超市营业时间的一半。不管民众前来是为了申办身份证或是询问事项,没有任何市政府职员会因更多的业务得到好处。相反地,更多民众只代表更多工作量,而且还不可能因此加薪。但如果每个来办公的民众,都得付给办事员50元,充作办事员的私人收入,这样市政府开放给民众的办公时间,可能会变得跟超市营业时间一样长了。

这里,我们又回到"商人的利己主义"上。所有权的问题,不只是确认物品主人为谁,更是要确定收益该归何者所得。举个例子,假设一个家境非常富裕的小孩要去旅行,父母给他一张信用卡,并告诉他,可以自己选择搭飞机或是坐火车,想住什么旅馆就住什么旅馆,想进任何餐厅也没问题,费用不是问题,只要刷卡就行了。小孩会如何做呢?当然是搭飞机,入住市中心最奢华的顶级饭店,并在最昂贵的餐厅用餐。有钱但聪明的父母应该不会这么做,他们可能给孩子1万元并告诉他,这1万元可以随他用,若有剩余,可以自己存下。这样,孩子可能跟朋友一起搭火车、在亲朋好友家过夜、吃麦当劳或小吃。不管怎样，比起无限刷卡，手上只有1万元时，旅费一定要节省。

Facebook是垄断型企业

比尔·盖茨是世界顶级富豪之一。为了使个人计算机更易使用，他和同事创造出一套名为Windows的软件程序，今日，最新版本为Windows 8.1，而卖场上所有个人计算机，几乎都已先行装妥这套操作系统。比尔·盖茨在市场上一直没有遇到可与其匹敌的对手，因此获利甚巨。在毫无敌手的状况下，企业容易独大，造成市场独占，也称为垄断（monopoly）。以前，独占市场的状况并不常见，通常只是例外。例如，德国北海小岛与大陆之间的交通船，全属同一家船运公司，所有来往旅客，都必须跟这家公司买票，这就是垄断。德国境内大部分的铁路路线上，则由德国铁路公司（Deutsche Bahn AG）垄断；而德国邮政公司（Deutschen Post）也曾长期垄断邮件递送业务。

对企业而言，独占市场是一件有利无弊的事，在没有竞争对手的状况下，可完全独占市场，获利自然可以极为丰厚。因此，所有

| 第一章 | 经济关我什么事

企业家都想独占市场鳌头，就算得付出大笔代价也在所不惜。虽然市场竞争带给企业家不少挑战乐趣，但他们主要还是想打击对手。一旦企业茁壮至某种程度，竞争便不再有趣，轻松获利比较重要。

网络改变世界，也改变市场结构。在网络上，垄断型的企业不再罕见，最常见的就有Facebook、Google，或在线交易支付平台PayPal和亚马逊网络书店等。全世界有上亿人使用Facebook，若想寻人，使用社交网络（social network）也的确是个很好的入手方法。像Facebook这类企业，便是靠网络效应（network effects）获利：使用者愈多，对非使用者就更具吸引力。Facebook赚钱的方式一方面是广告，另一方面则巧妙利用用户数据获利。不少使用者对Facebook泄露个人资料一事颇有怨言，个人资料保护团体也不时介入此事，企图避免Facebook在使用者毫不知情的状况下，搜集并透露个人资料给第三者。

独占市场的合理性

当企业在市场上没有竞争对手，便是独占企业（monopolist）。由于独占可为企业带来极大的利益，因此每个企业都想变成独占企业。要成为独占企业有四种方法,其中两种甚至是合法的。

第一,创造出某项独一无二且深受消费者青睐的产品,并使消费者无法想象,还有别的公司有能力生产出类似的产品。就像可口可乐便曾长期独占市场鳌头,无论是百事可乐,或德国当地可乐品牌像Afri或River等竞争对手,皆无法造成威胁。可口可乐公司还特别为其产品营造出神秘的色彩,宣称配方锁在美国亚特兰大公司总部保险箱中,只有老板知道配方内容。不过,现在饮料市场结构已经有所改变,不仅百事可乐有不少拥护者,饮料样式也更多样化,像红牛饮料便成功地打进市场,占有一席之地。

第二,经由政府特准,可成为独占企业,或者,国家直接设立专卖机构。从前,德国境内只有德国邮政公司可以递送邮件,只有德国电信公司可以铺设电缆,这类独占市场的企业必须付出的代价是,不得任意定制产品或服务价格,必须经过政府核准。

另一种可以独占市场的特殊状况,就是产品获得专利保护(patent protection)。假设某个公司或研究机构,研发出新型的电灯泡,便可至专利局申请专利。获得专利后,其他公司若未持有发明者的授权,便不准生产获专利保护的电灯泡。发明者也可借由授权获取利益。

例如,所有制造MP3播放器的公司,都必须付钱给德国一研究机构[①]，因为MP3技术主要是由这个研究机构的研究员研发完成。不过，专利保护不是永久，通常是有期限的。发明者可借由专利保护，在期限内免除竞争对手，自然是一件利多的好事。不过，这种保护是否正确，则有不少争议。

第三种，所谓"卡特尔"（cartel），或称"联合垄断"，也是消灭竞争对手的方法之一。以德国专卖汽油的石油公司为例。据统计，90%的汽车驾驶都在四大石油公司旗下的连锁加油站加油。假设这四大连锁加油站的老板，都觉得市场竞争太麻烦了，不如大家联合起来，一起订制价格，使四大连锁加油站汽油标价相同，不得各自推出低价破坏行情。从此，所有汽车驾驶只能接受高价汽油，别无选择，除了住在边境的人可至外国加油站加油之外。

这是一种违法的行为，商场上称之为"价格操纵"（price fixing），而形成所谓的"价格卡特尔"（price cartel），即价格垄断。而石油公司共同操控价格的违法行为，并非完全杜撰，早在三十年前，德国各石油公司便涉嫌联合垄断市场，形成卡特尔。至今，这种违法行为仍时有耳闻。

欧洲近年来因违法操纵价格而遭巨额罚款的，有欧洲啤酒制造

[①] 即为夫朗和斐协会（Fraunhofer-Gesellschaft），为德国最大的应用科学研究机构。

商、水泥生产公司、制药厂及电子产品制造商。价格操纵是企业界以非正当方式从消费者身上谋取重利，虽然方式看起来较为文明，但还是一种偷窃行为。

第四种，企业可通过买下竞争对手的方式，变成独占企业，不过，这种方式在目前几乎不可行。在德国，某家企业想买下对手企业时，必须先向德国联邦卡特尔署（Bundeskartellamt），或者欧盟竞争委员会（Directorate-General for Competition of the European Commission）申请许可。一般而言，主张公平交易的企业竞争主管机关，并不会允许这类申请，如果又有造成独占市场的后果，便更不会放任企业进行并购。

反对的理由很简单，经济学专家非常关心市场走向，且不乐见大企业操控价格，使消费者权益受损。因此制定法律，以防止企业独大，造成市场竞争消失的状况。因为只有维持市场竞争机制，才可能出现最好的商品。市场既然持续处在竞争状态，企业压力自然也是持续不歇。

知识补充包：
休息站和超市里的可乐为什么售价不同

　　一瓶超市卖25元的可乐，在高速公路休息站则可能卖到60元。看到这么昂贵的价钱，顾客很可能会抱怨，这种标价太夸张了。不过要是口渴难耐，还是只好一边掏钱买下，一边抱怨这实在太不公平了。

　　这样的差异真的不公平吗？从经济学及商家的角度来看未必。就算是完全一样的商品，在不同地方就会产生不同的意义与价值。高速公路休息站里的可乐，所满足的顾客需求，和超市里的可乐完全不同：顾客在休息站买可乐，是为了可以实时解渴；在超市买可乐，则是为了满足之后可能口渴所需。解决迫切需求，能实时解渴的可乐商品，不等同于放着备用的可乐商品。不同的商品，标价自然不同。

　　而标价愈高，代表商品愈是稀少，这也代表休息站供消费者实时解渴的可乐，比起超市里的可乐较为稀少。经济学家认为，价格是商品稀少性的指标。休息站可乐所具备的稀少性特质，则和时间迫切有关。在休息站消费的顾客，没有时间四处寻找便宜商品。不过，如果休息站里摆设数个摊位贩卖可乐，彼此互相竞争，就会出现不同的结果。

第二章 不想自己揉面团,所以开公司

| 第二章 |　不想自己揉面团，所以开公司

杂货店也是企业？！

大部分读者应该都知道麦当劳、三星、Facebook、Apple计算机、Sony、Douglas[①]或H&M等连锁店，对Aldi超市[②]、Rossmann[③]或BMW也不陌生。不过，你听过General Electric[④]、Prym[⑤]，或者Uwes Schlemmereck[⑥]吗？

在德国，登记在案的企业总数超过340万，不管是街角塞尔维亚裔新移民所经营的杂货店，或全球雇员超过50万的德国传统企业西门子（Siemens）都是。还有德国铁路公司、德国邮政公司、笔者亲

---

① 原文Douglas为德国化妆品连锁专卖店。

② 原文Aldi为德国平价连锁超市。

③ 为德国连锁药妆店。

④ 简称GE，通用电气公司，又称为奇异公司、通用电力公司，为世界上最大的电器和电子设备制造公司。

⑤ 专制纽扣的德国公司，创立于1942年，为德国历史最悠久之制造业者。

⑥ 位于德国某一小乡镇，口碑甚佳的小吃摊。

经济学关我什么事
ECONOMICS IN LIFE

人经营的农场、C&A服饰店、汉堡王、保时捷或是街角的理发店、冰店、健身房和舞厅夜店,甚至某些学校或大学,都可以算是企业。

企业最简单的定义,便是以贩卖方式企图获利的组织。企业的主要任务,便是提供可以满足顾客的物品或服务。这也就是企业在市场经济(market economy)中所扮演的角色。

为了满足顾客的需求,企业必须化腐朽为神奇,将无用之物转变成为可用之器。例如,将钢铁变成汽车,将废弃的空屋变成舞厅夜店,碎肉变成汉堡,或是将人力转变成服务资源,如递送邮件就是服务业之一,餐厅服务或是开课教学也是如此。

不想自己揉面团,所以我们需要企业

在进入企业的世界前,读者必须先了解一个问题:世界上这么多企业,为什么不是多余的?这个看似简单的问题其实值得深思,实际上,我们可以买面包,但也可以自己烤面包。为了想吃面包,并不需要企业的存在,同样地,我们也可以自己将信件送达对方手里。

以前,人们自己烤面包、自己杀鸡宰牛、自己酿酒、自己盖房子,因而面包师傅、肉铺及酒庄老板和营造工人,也比较不容易

|第二章| 不想自己揉面团，所以开公司

赚钱。不过，今日状况大不一样，这也代表面包店、肉铺或酒店的存在，对大部分人来说，是一件很方便的事情。就像面包店烤面包既快又便宜，因为店里有专业的大型机器，况且熟能生巧，对经验丰富的面包师傅来说，烤面包只是例行工作，他们是所谓的专业人士。

因为有这些专业人士，大家可以省下烤面包的时间。更何况，今日许多我们使用的产品，根本无法自行制造，如汽车、个人计算机，或是iPod。

今日社会结构是行业分工，就像笔者受雇于一个生产并贩卖报纸的企业，撰写报道文章，笔者的木匠朋友，则拥有一间木工坊。当他想看报纸时，可以选择购买笔者工作的报社或其他报社所出版的报纸。当笔者需要书架时，可以请他定做，或者到家具店购买。还好有行业分工，否则若是笔者自制书架，成品可能就像木匠朋友写出来的文章一样，既别扭又难看。

忙着烤面包的心脏科医师

在没有专业分工的世界里，一个心脏外科的医生每天一早起

经济学关我什么事
ECONOMICS IN LIFE

床，便要到庭院采摘苹果，喂猪喂鸡喂牛。除了自己烤面包之外，还要砍柴，自己做奶油，还要亲手缝制医师白袍及手术服。等一切妥当终于进医院后，还得先处理业务信函及接听电话，很难说何时才有时间进手术房，为病人开刀。

与其他人相比，这位医生最拿手的事情便是执行心脏手术。或许他也很会烤面包，不过，会烤面包的人很多，能够操刀执行心脏手术的人却很少。因此，如果这位医生能专心于心脏手术上，对所有人都是一件好事。最好，他不必自己动手制造食物，花钱购买就好。如果有清洁人员能清洁善后，有秘书能处理所有的业务文书，并过滤电话，这位医生便可能一天为十位病人开刀，而不只是三位而已。医生可以挽救更多生命，业务处理也更为迅速，毕竟秘书总比医生熟稔如何撰写业务信函，就像清洁人员可能也比医生知道更多的清洁妙方。总之，专业分工后的结果只会更好。

生产什么才会卖？

无论大、小、传统或新兴，所有企业都一样，必须赢得顾客的心。也就是说，只有卖出更多东西，才能在市场上占有一席之地，继

第二章 不想自己揉面团，所以开公司

续生存下去。不过，这个规则只是用于采用市场经济体制的地区。在德国东部地区还称作"德意志民主共和国"，并且是个社会主义国家的时代，那里只有计划经济。所有像是企业该生产什么，或是生产多少的问题，一律交由中央机构决定，没有市场竞争这回事。

在市场经济里，企业开发及提供市场何种商品，企业经理通常握有决定权。而决定的依据，则是按照经理人的经验，推断市场可能需要什么产品。产品是否热销，是最重要的考虑。因为企业经理追求的目标只有一个，即是获利，也就是销售收入大于付出成本。为了达成这个目标，企业必须推出消费者可能购买的商品。也就是说，消费者的欲望，间接决定了企业生产制造何种产品。

不过，事情并非总是顺利。企业经理有可能错估消费者的心理，或错判市场竞争状况。其实，消费者不难发现，市场上层出不穷的新口味巧克力，新配方洗衣粉及保养品，常常囤积于超市货物架上乏人问津。统计数据显示，市场出现的新产品，五分之四会因无人购买而惨遭淘汰。

预测市场走向而做决定，是企业必须面对的风险。假使某个企业经理，预估大圆耳环将会成为时尚潮流，因此决定生产大圆耳环。当耳环仍在生产线尚未制造完毕时，市场却开始流行起小碎钻耳环。这时，经理便必须当机立断，提出应变措施。一个好的企业，通常能够洞悉消费者的需求。

经济学关我什么事
ECONOMICS IN LIFE

有时,企业甚至能预知消费者本身都不知道的需求。例如,德国一家公司在二十年前推出一款车身贴纸,形状如手掌般大小的墨水印渍。这款造型奇特的车身贴纸颇受消费者的欢迎,数万张贴纸一售而空。

在这款贴纸上市前,若要消费者写下自己计划的购买清单,可能不会有人将墨水印渍形状的车身贴纸列入清单。只是这一点都不妨碍这款贴纸甫一上市便立即获得消费者的热爱,每个人都想拥有它。

好企业必须要有灵敏的嗅觉,知道市场走向为何。就像从前没人能想到,松松垮垮卡在臀上的超低垮裤,会如此受到青少年的喜爱,但还是有公司大胆推出,并因此获得厚利。

不生产商品也可以是企业?

有许多企业,本身并不生产任何物品,只是买进卖出。就像H&M、Aldi超市[①]、宜家家居或是Kaufhof百货公司[②]之类的企业,便

---

① 德国廉价连锁超市。
② 德国连锁百货公司。

不生产产品，他们是经销商（dealer），更精确地说，是零售商（retailer），将产品卖给像我们这样的消费者。还有所谓的批发商（wholesaler），专门将产品卖给公司或是零售商，而不卖给一般消费者。

像H&M、Aldi超市和Douglas化妆品专卖店[①]这类零售商，会从不同的制造商或其他经销商买进货物，再整理陈列于店面，吸引顾客购买。这类商家提供消费者购物方便的管道，或者说，至少让购物变得更为有趣。有了经销商，顾客不必为了买T恤去专制T恤的成衣厂，买拖鞋去鞋厂，再为了一条裤子去专制裤子的成衣厂购物。这些货品全都陈列在同一家商店里，只要进入一家商店，顾客便可找到想买的货品。而经销商最大的挑战，便是如何在五花八门的货物中，选取最能吸引顾客购买的特色商品。不过，网络科技的发达也改变了这个现象。如今，无须经由经销商，所有人皆可通过网络，直接向制造商购买商品。

不少企业本身也生产货物，只是可能并非所有组件全都自己制造。例如，汽车制造商便须购入轮胎、钢板、数位仪表板、车灯等零件，再组装成汽车。汽车制造商与制造面包的食品工厂、钢铁厂，或打印机制造商相同，都属于生产者（producers）之一。

某些企业则不生产消费者可触摸的有形商品，而是借由提供

---

① 德国化妆品连锁专卖店。

某种服务赚取利益。例如，保安公司指派雇员，至各大工厂担任驻警，维护安全。或在博物馆内，防止调皮的孩童破坏展品及设备。这类企业在经济学上被称为第三产业（tertiary sector of the economy），即俗称之服务业（service sector）。在这类产业中，银行是一个极为重要的行业。关于银行，笔者会在本书提到货币时，再做详细的解释。

至于各个企业的规模，相差甚大，迷你企业可由单人组成，而大企业则组织繁杂庞大，总员工数甚至超过不少德国大城市之居民数[①]，每年收入甚至可以超过一个小国家国民一年收入之总额。例如，美国连锁大型超市沃尔玛（wal-mart）企业，一年收入约为3500亿欧元，是全世界年收入最高的企业。德国大企业则有安联金融服务集团（Allianz）、德意志银行（Deutsche Bank）、戴姆勒集团（Daimler）[②]、西门子（Siemens）、电力公司意昂集团（E.on）和德国电信等。

[①] 1887年国际统计学会议（International Statistical Congresses）决议，超过十万居民之城市称为大城市，德国至今仍沿用此定义。

[②] 生产奔驰车的企业。

| 第二章 |　不想自己揉面团，所以开公司

能销售才称得上是企业

　　企业的主要任务便是推出产品，以供消费者选择。为了达成这项任务，企业必须如上所述，将无用之物转变成有用的，例如，将钢铁变成汽车、面粉变成面包，或将塑料零件变成手机。为了成功地生产产品，企业需要资金、员工、原料、空间、创意等，经济学家称之为生产要素（factors of production）。综观生产要素，可分成以下三大类。

　　土地：指企业生产所需之所有自然产物，如建造工厂的土地、各种矿产、水、空气、太阳能、水力等。

　　劳动：指所有的人力资源，无论是劳力或是劳心，像创意、体力、自制能力、专业技能，甚至冒险精神，也属于人力资源。

　　资本：所有生产物品所需，但未列入上述二者之物。例如，制造蛋糕所用的烤箱，便属于资本之一。联合收获机（combine harvester）则可帮助谷物迅速收割，因此也属于资本范畴。

　　这些生产要素就像是做菜所需之食材一样，由企业自行配置利

用，以生产出有用之商品，供消费者选择。有用，意即消费者在考虑厂商所制定的标价下，仍然认为拥有此商品对他有利。此外，为了让消费者能够真正买下商品，这些商品必须运送至消费者能够见到的范围。

这个看起来颇为复杂的企业任务，可以简述如下：提供消费者喜欢且愿意花钱买下的商品，并且能掌握市场潮流，洞察先机。

生产及销售可说是企业的两大任务，其中还包括广告、运送及贩卖等。而某些企业的主要任务，就只有销售而已。

我也可以当企业家吗？

所有企业背后都有企业家（entrepreneur），也就是企业的负责人和拥有人，有时同时也是创办人。没有这些人，就没有企业。

或许有人会有疑问，为什么有人会想创办企业呢？成立企业必须负担的风险极高，在德国，每年都有上千的企业，由于无法支付账单，只好放弃营业宣布倒闭。很多人也因为不敢冒险，而不愿成为企业家。

创办企业的理由很多，可能的答案之一是想赚大钱。从世界富

第二章 不想自己揉面团，所以开公司

豪排行榜便可看出，排名前几名者，都和企业家脱不了关系：要不是本身是企业家，就是曾经是企业家，再不然，也是企业家的后代。

除了赚大钱之外，当然还有别的理由，比如说，有人不想老被上司干涉，希望能独立作业。奥地利知名经济学家熊彼德（Joseph Schumpeter）便认为，驱使企业家独立创业，并非金钱的诱惑，而是"建立一个私人王国的欲望""赢得竞争的野心"及"乐于从事创造性活动"。

不少社运人士，也具有熊彼德所描述的企业家特质，一般称这些人为"社会企业家"（social entrepreneurs）。这些社会企业家通常并不富有，他们乐于从事创造性活动，热情投入开发新产品或新形态的服务，目的则是为了帮助社会弱势者或是穷人。不少社会企业家都有强大的社会影响力，例如，德国人彼得·艾根（Peter Eigen），创办了国际透明组织（Transparency International），致力于打击贿赂及贪污之罪行。或如2006年诺贝尔和平奖得奖主穆罕默德·尤努斯（Muhammad Yunus），创办特殊形态的银行，使穷人也能获得小额贷款、创立私人小企业的机会。通过这个机制，尤努斯帮助许多第三世界的穷人脱离贫困。

2011年去世的史蒂夫·乔布斯，可说是世界上最有名的企业家之一。乔布斯创办苹果计算机公司，并长年担任公司的负责人，不

经济学关我什么事
ECONOMICS IN LIFE

仅为个人计算机带来了革命性的改变,也在音乐工业、电话通信及无线网络上造成巨大的影响。他所成立的皮克斯动画工作室,改变了动画电影的世界。他虽然很有钱,但某段时间的薪资只有1美元;他对待员工并不友善,不过全世界的人都想买他的公司所制造的产品。

很明显地,企业家喜欢影响普通大众的生活,通过种种不同的方式,如供给大众手机、网络通信等,或是推出使用电池的小奶泡器,让消费者可将牛奶打成绵密的奶泡,加入卡布奇诺咖啡中。他们总是乐于推出新产品及创新想法,且不惜破坏旧有之物,使之变成无用的废物。例如,今日使用有线电话,无法持着话筒边走边讲的家庭,已是少之又少。这种现象,熊彼德称之为企业家的创造性破坏(creative destruction)。

不过,成功的发明家很少同时也是成功的企业家,就像唐老鸭动画中的吉罗(Gyro Gearloose)和史高治叔叔(Scrooge McDuck)一样。吉罗是鸭堡中最有名的发明家,只对机械有兴趣,而史高治叔叔只对如何使用机械影响别人及如何推销机械产品有兴趣。两个人凑在一起,便是个优秀的企业合作团队。

| 第二章 | 不想自己揉面团，所以开公司

成功企业的四大原则

成功招揽顾客的方式有许多，常见方法则有四种：使产品售价便宜，推出比竞争对手更优良的产品，使产品畅销，让产品带来便利。

第一，有些企业所制定的产品售价，会让消费者来不及思考，一见标价便掏钱买下。不只是低价策略而已，前文所述的商品标价的陷阱，皆包括在内。

第二，这种可能性很简单，就是推出更好的产品。质量好的产品，名声很快就会传开。例如，德国汽车品牌如BMW或奔驰，正因出产好车，配备最先进的科技，且车速极快，在全世界都有极佳的口碑。

第三，企业可借由媒体传播，塑造产品引起消费者的兴趣，进而刺激购买欲望。无论产品是牛仔裤、香水还是MP3随身听，都可以援用此法。就像每次苹果推出新型的iPhone或是iPad，商店前总是大排长龙，甚至有人熬夜等待，直接在商店前过夜。

第四，企业可以利用顾客追求便利的心理。就像街角的披萨店外送服务，虽然披萨面皮厚且油腻，比不上正统意大利餐厅的脆薄好吃，但外送服务仍然不会因此倒闭。因为他可为顾客随时送披萨到家，特别是对整天在外奔波，晚上回家后不想再出门进餐厅的人，是非常方便的服务。

我们手上的商品是怎么做出来的

以制烟为例：香烟可以靠工人手工卷制，也可经由机器制造，机器制造的速度胜过人工好几倍。而且，机器制造的香烟比起手工卷制便宜，质量较为稳定，因为机器不会疲倦，不容易出错，这也是为什么今日香烟厂很少雇用工人手工卷制，大部分都是机器制造的缘故。

在工厂里，产品制造通常分成好几道工序。就像汽车制造厂里，没有任何一个工人可以包办所有工序，有人负责组装引擎，有人则负责嵌装车顶盖，或是负责安装轮胎。首次在工厂大规模实行分工方式的企业家是亨利·福特（Henry Ford），为美国福特汽车的创办人。他设计让半成型的汽车在装配线缓慢前进，有工人专门负

| 第二章 | 不想自己揉面团，所以开公司

责安装方向盘，下一个则负责将轮胎旋紧。每一个工人都只有一个任务，不断重复同样的动作，熟练到就算打瞌睡也能继续工作。

采用这种方式，可确保每个工序都有专精的工人负责，使汽车每日生产量大增，对企业来说相当有利。但对工人而言，工作变得非常单调无聊，且容易因疏忽而犯错。

无论如何，这种生产分工所带来的优势，仍是无可比拟的。早在1776年，经济学之父亚当·斯密便以制针工厂为例，说明这种现象。"一个没有经验的工人，无法一天制造一根针，更别说一天20根的产量。但今日制造过程已区分为许多工序，第一个工人抽铁丝，第二个拉直，第三个剪断，第四个削尖。"据亚当·史密斯的描述，18世纪的制针工厂已细分出18个工序，按照这种方式，250年前的制针厂工人，平均每天可以制造出4800根针，而不是区区20根针。

时至今日，产品仍是在装配线制造，只是生产线出现愈来愈多的机械装置取代人力。这些机械装置不仅能进行焊接、光切割、冲压、烤漆、旋紧螺丝等工序，甚至还能进行质量控制。这些装置由工人操纵，确保一切正常无误。

在德国或美国等富有国家的工厂，皆大量引进机械装置，使得工人数目锐减，其中机械装置属于生产要素中的资本，工厂工人则属劳动。至于这种状况会造成什么影响，下一章会再详细说明。

59

经济学关我什么事
ECONOMICS IN LIFE

愈大量制造，真的愈便宜吗

基本上，单一产品通过大量生产后，成本会比小量生产便宜，这是生产的铁定法则之一。一个每月生产10万面包的工厂，比起一个月只能生产2万的竞争对手，单个面包的生产成本应该较为便宜。

造成这种现象的主要原因是，就算工厂不生产任何东西，还是得支付一定的费用，这种费用称为固定成本（fixed cost）。无论工厂生产面包数量多少，公司都需要经理、计算机、电话、管理员和会计等。一个经理可以管理50个工人，生产出10万面包，也可以只管理20个人，生产2万面包。无论前者或后者，他的薪水都一样，同样也适用于管理员，就连办公室的租金，也不会因为生产面包的多寡而有变动。房租、电话费、行政人员薪资属于固定成本，会增加面包生产成本，但如果生产量愈大，单个面包所承担的固定成本就会愈低。

当生产超过一定的数量时，固定成本也会相对提高，例如，工人增加，便需要增加经理人数以便管理。如果工厂非常庞大，就需要很多经理管理工人，而经理人数增多，就又需要雇用其他经理负责管理。如此一来，企业结构就会变得复杂，还会出现许多文件。这些都会增加成本支出，还常收不到任何效益。

因此，经理必须精确计算出生产量的数值，以期获得最大效益。

企业的钱从哪里来

在德国，大部分企业都是独资经营（sole proprietorship），属于个人，拥有者同样也是老板。这种形式虽然颇为简单，但也存在不少缺点。例如，如果独资经营企业没钱支付账单时，老板必须拿出私人储蓄支付；若经营不善，甚至必须卖掉自己的房子或车子来偿还债务。也就是说，独资者必须以私人财产来保障企业运营。

其他合伙经营（partnership）的企业形式，也差不多如此。除了独资经营外，还有无限公司（general partnership）的企业形式。在所谓的无限公司里，会有多人分摊工作及责任，这些人是公司的拥有者，也就是股东。他们必须共同承担损失，必要时也必须拿出私人财产抵付。另外，还有一种形式称为两合公司（limited partnership），这种形式的特点，是股东分成两类，即无限责任股东与有限责任股东。无限责任股东不仅出资，通常也参与经营业务，而有限责任股东则仅付出资金，在公司里并无任何职位，公司若是倒闭，有限责任股东也只是失去投资之金额，除此之外无须负担任何责任。德国大部分的中小型企业，通常采用无限公司或两合公司的形式。

大公司的法律形式，则通常为股份有限公司（joint-stock company），而在德国又细分出有限责任公司（Gesellschaft mit beschränkter Haftung，简称GmbH）。不同于无限公司，有限公司的拥有者除了投资金额外，并不需要动用私人财产来担保企业业务之经营。取得有限公司股东资格的必要条件，则是出资。

或许有人会问，既然成立有限公司对个人财产损失的风险较少，为什么还有企业维持无限公司的形式呢？最主要的原因是，成立有限公司要比无限公司困难许多。除了必须接受更多的法律规范之外，还得付出高额资金。要成立独资经营企业，不必拥有许多资金，也没有最低资本额的限制。但要成立有限责任公司，在德国则必须先在银行账户中存入25000欧元，作为公司设立资本额，股份有限公司则至少为5万欧元。[①]

通常股份有限公司的股东，并不亲自经营业务，而是聘请专业经理人担任总裁或董事长，但须接受股东的监督。股东也有权利

[①] 此为德国法律规定，台湾现行公司法，已取消设立有限公司最低资金的规定。

参与重要决策及决定盈余如何分配，如均分给所有股东，或是留在公司。若决定留在公司，经营者便可利用这笔资金，购买新机器、新工厂或雇用新员工等，扩大公司规模，以便加大市场影响力，将来能获得更大的利润。

为什么股票可以换钱

依据德国法律规定，股份有限公司和有限责任公司有不少区别。但两者最重要的差别，就在有限责任公司的股份转让不易。股东所签立的合约，有时会载明转让条件或是根本禁止转让。此外，有限责任公司的股份，无法在公开市场交易。

而在股份有限公司里，股份就是股票（stock），只要拥有公司股票，便是公司的部分拥有者。股票交易则在特殊场所，也就是证券交易所（stock exchange）（以下简称"证交所"）进行。所有股票都在证交所中买卖，通过证交所这个机构，每个人都可以直接购买他所信任的公司股票。

一般人对股份有限公司较为熟悉，因为大部分著名的企业，如德国西门子、戴姆勒集团、德意志银行等，其法律形式皆是股份有限

经济学关我什么事
ECONOMICS IN LIFE

公司。此外,不少民众也有股票买卖的经验。持有股票虽然等于拥有公司的一部分,但并不代表真的了解公司运营。即便如此,股东对公司还是有一定的影响力,例如,股东有权投票选出监事会(Aufsichtsrat)①,除监督公司运营是否正常、负责利润分配之外,公司进行重大决策时,如是否并购其他公司等问题,也必须获得监事会的同意。

出现股份有限公司的原因,源于创业者需要大笔资金,但不希望只向一位富豪借贷而事事掣肘于人。也可能因为所需资金过于庞大,根本不可能由一人完全提供。创业者便想出一个方法,贩卖股份证明书,也就是股票。买下股票的人,就是股东,便有权利拥有部分公司及盈余。若公司运营不佳,股东自然也会受到波及,手上股票贬值,且无法获得利润。这种因股票而分得的利润称为股息或是股利(dividend)。

成立于17世纪初年的荷兰东印度公司(Vereenigde Oostindische Compagnie,简称VOC),便是早期的股份有限公司之一。由于要从印度尼西亚、印度及中国等地买入香料、布料及瓷器等物品,以便在荷兰高价转售,东印度公司需要不少商船。这项计划所需资金相当

---

① 德国法律规定,股份有限公司必须设立监事会及董事会(Vorstand),监事会须由股东代表与员工代表组成,负责董事会之指派与免职,虽无管理决策权,但拥有绝对监察权。

庞大且风险极高，所有银行皆拒绝贷款。因此，创办者便以贩卖股票的方式，寻找出资者筹募资金。

这种方法沿用至今，对企业而言，证交所即是筹措资金的场所。

知识补充包：
看不见也摸不着的证券交易所

在德国，证交所在电视上的曝光率极高，除了德国总理的柏林办公室之外，任何机构都比不上证交所的知名度。最常出现在观众眼前的，就是法兰克福证券交易所（Frankfurter Wertpapierbörse），而其只是整个股票市场的一小部分而已。时至今日，真正股票交易只在计算机网络上进行。

证交所其实是一个虚拟的市场，在那里大部分股票交易都是匿名进行：买家不知手上的股票是向谁买的，卖家也不清楚生意伙伴是谁。而在股份有限公司工作的职员也常搞不清楚，公司此刻到底属于谁的。

并非所有股份有限公司都在证交所挂牌，挂牌在此意指公司股票在证交所里买卖。其实在证交所中挂牌的，只有少数的股份有限公司。因为公司在首次办理股票公开发行（initial public offering，简称IPO）前，必须满足许多条件，挂牌上市并非易事。

公司上市的原因，可能是因为公司拥有者想卖掉自己的股份，或是想为公司筹措更多的资金，也可能两者皆是。一个公司要挂牌上市前，必须先成为股份有限公司。而在既有合伙人分得股票之后，公司通常还会释放出更多股票。

接下来就是股市中最令人关注的问题了：一张股票值多少钱？

每个参与股票交易的人，对这个问题都有不同的答案。也幸亏每个人的估价都不一样，股市交易才可能存在。股票的价值，表现在其价格上，也就是股价。由于股票买卖每分每秒都在进行，因此股价也是一日多变。当有人悲观地认为股价不可能更高，而将手中的股票卖出时，也有人乐观地认为股价一定还会升高，而买入股票，这样才可能达成交易。例如，当某家公司股价为100欧元时，有人悲观地认为，这家公司股票不可能值这么多钱，明日必定跌至90欧元，便想办法卖出手上股票。同时，也有人乐观地想，明日股票可能会涨至110欧元，便出手买下股票。当然，也有人只是因为急需现金而卖出股票，这便不在讨论范围内。

而造成股价上扬及下跌的原因为何？当许多人同时看好某张股票，而急欲购买时，便会造成股价上扬，反之，如果有更多人想卖出手上的股票，股价就会下跌。就像一般市场所卖的货物一样，无论是光盘播放器或是面包，皆由商品的稀少性决定市场售价的高低。

当人们听到他认为对某个公司有利的新闻时，便会想买那家公司的股票。例如，政府发布兴建新高速公路的消息后，建筑业及水泥业便有机会因此获利，考虑到这一因素，便有人会因此购入这类股票。

有时发布重大风灾警报后，保险业的股价便会下跌。因在灾害之后，保险业者须给付更多受损赔偿款，而使其利润降低。股票价值高低与未来趋势息息相关，一家股份有限公司的市值，取决于其未来可能的收益。一个聪明的股票投资者，必须能敏锐洞察未来的发展趋势。而昨日之事，在股市中则譬如云烟，没有人会在意。

当企业买下别的企业

企业间相互收购，并非什么新鲜事，甚至可说是家常便饭。例如，打算退休的面包店老板，将店铺卖给另一家面包店；或是某家具店想成为全国最大连锁家具店，打败一家又一家的竞争对手，并将店面逐间买下。

这类买卖通常悄然无声地进行，外界无从得知。但如果是知名

经济学关我什么事
ECONOMICS IN LIFE

企业可能被其他企业并购时，媒体便会报道，且可能发生抗议事件，特别是当主角为股票上市公司时。在股票市场上，无论是股票的买家或卖家，皆不必具名，买家可以悄悄地收购股票，潜入对方公司而无人察觉。直到手上的股份超过百分之三时，才须表明身份。

接下来，便有可能出现反对声浪。高声抗议的，通常是即将被收购公司的高级主管。他们对外宣称，这是恶意收购（hostile takeover）。若只听这些高级主管所说的话，会以为他们正被噬血的骑士攻击抢劫，实际上，他们也称呼收购对方是黑骑士（black knight）。①

不过，也不能仅听抗议者的一面之词。实际上，收购所发生的状况，不过是某个公司呼吁另一个公司的股东们，将手上的股票卖给他。股东们可自行决定，是否真要如他人所愿，将股票卖出。过程其实很单纯，并不复杂，也不血腥。

那为什么会出现抗议声浪？为什么即将被收购的公司高层主管会出来抗议？这些抗议声浪的背后，也有可能是一种合法的伎俩：

---

① 所谓恶意收购，是在未告知对方的状况下，默默收购公司股份的行为，通常获得公司主导权后，即将公司分拆转卖。股市称呼怀此意图的股票买家为黑骑士。

通过抗议，高层主管可放出风声，宣称公司市值比对方收购的价格要高出许多，如此一来可使价格上扬，使股东们在卖出股票时，能获得更多的利益。

此外，这些高层主管的抗议，有时的确是认真的。他们想尽办法阻挠收购行动，主要是害怕失去工作。这是极有可能发生的事，毕竟收购公司旗下也有足够的高层主管，等着收购成功后，便接手对方的业务，公司原来的高层主管，也就只能卷铺盖走人了。

有时，一般职员及工人也可能会出来抗议，同样是考虑到失业的问题。特别是当收购仅是为了拥有使用公司名号的权利，并不打算接手制造工厂。这种情况下，工厂通常必须面对关门的命运。

在收购公司的组织中，有一类特别的团体，称为金融投资公司（financial investors），私募股权投资公司（private equity firms）也列属其中。这类公司专门买下公司，大肆整顿后再转手卖出，并以此获得厚利。

在出资购买公司时，金融投资公司通常采取高额度贷款的方式。例如，一家公司市值1亿欧元，他们实付2000万，其余8000万则以贷款方式支付，这种二八分法是常例，且会巧妙地将贷款转嫁于购入公司之名下。如此一来，公司便必须承担高额债务。但非常不可思议的是，这种情况有时对公司反而有益：因须偿还贷款，公司得异常警醒，不能浪费任何资源。正是这些投资公司，逼迫濒临倒闭的公司以强硬的手段，厉行节流政策，关闭多余的工厂，售出赔钱的子公司，或是裁员。由于手段强硬冷酷，私募股权投资公司受到不少批评。

此外，金融投资公司还能收购公司大部分的盈余，因为他们有权分配利润，大多数的利润，自然进入他们的口袋。被收购的公司，有时还必须支付他们各种费用，如咨询费等。因此，一个成功的私募股权投资公司，获利相当迅速。有人批评他们就像蝗虫一样，一股脑吃干啃净所有东西后，便消失得无影无踪。因此，在德国也有人称这类公司为"蝗虫"。[1]

一般而言，金融投资公司还是有办法使购入公司营业状况趋之稳健的。实际上，他们也不会轻易瓦解购入公司，毕竟，他们还打算将公司转手出售，必须想办法维持公司良好的状况。

---

[1] 德国2005年社民党主席在媒体访问中，首先将私募股权投资公司比喻为蝗虫。从此，蝗虫便成为这类短期操作获取暴利公司的代名词。

第三章

欢迎来到22K的世界

| 第三章 | **欢迎来到22K的世界**

爸爸为什么失业

德国失业人口登记在册者约为300万人。失业者可向联邦就业服务局（Arbeitsagentur）或居住城市政府登记并申请救济金，救济金额则比一般薪资低。

产生失业问题的最大原因，就是企业或雇主减少雇用员工，像国家、社团、教会及其他各式组织，雇用的员工太少。

不只是从政者，经济学家也非常关心失业问题，但经济学家的心态比较冷静，通常从旁观的角度来解释这个问题。例如，他们认为，就像手机、牛仔裤和香水一样，劳动力也受市场机制控制，因此，他们提出劳动市场（labor market）的概念。

在劳动市场上，一样存在着供给和需求。劳动需求来自企业、国家或各式组织，也就是雇主（employer）。雇主寻找愿意提供他们劳力、智力、知识、才能及时间的人，而受雇员工（employee）则必须满足雇主上述要求。

基本上，劳动市场的运行并无大碍，在德国，4100万人都有工作，只有300万人找不到工作。不过，无论如何失业都是一个社会问题，对这300万人而言，能工作却找不到工作，是一件很可惜、且浪费才智的事。对政府而言，代价也很昂贵。因为他们必须支付救济金，且无法向失业者收税。最糟糕的是，长期失业的人，很容易因失去信心而愁眉不展。

为什么是他被录取，而不是我

要解决失业问题，就得增加工作机会。那么在何时企业、政府或是其他团体机构会聘用新人呢？当然雇主只会雇用他们认为有用的人，例如，当企业规模扩张，或产品的市场需求突然增加时，就像前段时间，许多德国公司产品销售状况甚佳，便招聘不少新员工。

不过，雇用新员工的需求和企业生产的产品也有密切的关系：某些产品的生产制造，可大部分由机器完成；某些产品，则主要靠人工。

上一章曾提过生产的三大要素，即劳动、资本、土地。在此，土地可先略过不提。资本作为生产要素，如机械装置等，是企业用来制造产品的设备。这些机械装置有时会与另一个生产要素,即劳动,也就是人力,形成竞争关系,因为在制造过程中,有时人力可被机器取代。例如,洗衣厂突然接到大宗生意,必须洗涤比平日更多的衣物,对店主而言,这当然是件利多的好事。只是,如何顺利完成暴增的工作量,便是一项挑战:该增加员工(生产要素为劳动),还是添置自动整烫设备(资本),以便加快工作速度呢?

想多赚钱,便需仔细计算,找出办法付出最少的代价:雇工须付薪资,薪资愈少,企业可得之利润愈高。若人工便宜,店主便不值得花大笔钱购入自动整烫设备,只要多雇些便宜的人手即可。如此一来,制造自动整烫设备的企业可卖出产品的机会降低,雇用的人数也随之降低。只有在人工昂贵之时,洗衣店主购入自动整烫设备才有意义。

在企业考虑招聘员工时,薪资高低是一项决定性因素。对雇主而言,雇用新员工能带来多少收益,是最直接的考虑。若在可预见的未来内,收益总额大于支付的薪资,雇用新员工才有意义。

另一个影响雇主是否雇用新员工的因素,就是"边际报酬递减法则"(law of diminishing marginal returns)。简单地说,经验法则告诉我们,每一位新雇员工所带来的利益,会随着人数增加而递减。例如,某个炸薯条摊位总是大排长龙时,老板就可以多买个锅炉,并多雇个员工,如此一来销售量或可增加为双倍。

经济学关我什么事
ECONOMICS IN LIFE

但是,如果再多雇一个人,销售量不会随之增加为3倍。因为摊位就是那么大,三个人挤在摊位中相互掣肘,反而浪费时间。因此,在老板的算盘里,第二个雇工对生意的贡献,将远低于他自己和第一个雇工,更别提第三个雇工,根本是毫无用武之地。如此计算下来,第二个雇工仅可能在薪水远低于第一个的状况下,才有机会获得工作。

基本上,提高薪资并不会直接导致失业率升高。员工薪资的多寡受其生产力影响,也就是他在工作时数内所创造出来的产品价值。若他能创造更多的价值,自然能够得到更多的报酬。

谁决定我的薪水只有22K

在劳动市场上,如何决定薪资高低,是一个重要的核心问题。在一般市场上,像手机、牛仔裤和香水等商品,是由供需关系决定商品的市场价格。劳动市场的情况则较为特殊,许多产业下设有产业工会(trade union),工人要求加薪的意见会集中由工会表达,无须个人与雇主协商薪资,而是由工会出面,代表工人与雇主代表谈判协商,确定薪资数额。在德国,这种薪资谈判方式适用于大部分产业。薪资谈判的结果，则会发表成集体薪资谈判协议（Tarifvertrag / collective bargaining agreement），通常以产业界为单位，如建筑业或电子产业等，适用于全体员工。整个协商过程，政府不得出面干涉，由劳资双方自行订立薪资，这种做法通称为"劳资协议自主"（Tarifautonomie）。①

在协议中，劳资双方有时可达成共识，有时则不能。无法达成共识的话，便可能出现罢工（strike），也就是职员或工人拒绝上班工作。在集体薪资谈判协议过期失效时，罢工是合法的。例如，在2012年，德国便发生空服人员大罢工事件，飞机场所有飞机停飞，造成许多游客滞留原地动弹不得，或是历尽千辛万苦，才能到达目的地。

通过罢工的手段，工会希望雇主会因此松口，提出较好的建议。毕竟，雇主害怕罢工所造成的损失。有时，工会只需说动主要供应环节部分罢工，整个产业生产即会陷入停顿。例如，如果制造铰链的工厂罢工，无法继续出货至汽车制造厂，便会造成所有汽车生产线停顿，无法继续制造生产。由于罢工所带来的后果相当严重，因此雇主通常会对罢工行动有所回应。

---

① 各国法律规定劳资关系不一，德国不少产业皆靠集体薪资谈判制定薪资，几乎每年一次。

经济学关我什么事
ECONOMICS IN LIFE

在过去几年中,产业工会虽然声势依旧,但德国员工的薪资并未显著提高。面对工会强硬的手段,雇主并非毫无办法任其予取予求。若工会要求薪资过高,雇主便会威胁关闭德国本地工厂,转至其他工资较便宜的国家设厂。例如,东欧国家工人的薪资,只有德国工人的一半。面对这种威胁,工会多半只能签下协议,在雇主保证不关厂不裁员的状况下,接受微幅调涨的薪资。

重要的是,薪资谈判绝不能出现高于市场行情的价格。就像价格太贵的手机,容易滞销而囤积于仓库中。劳动市场也一样,如果劳动力太昂贵,就有人无法找到工作。经济学家认为,这也可能是失业问题的主因之一。

薪资条上的数字秘密

雇主雇用员工的费用,并非员工每月实得的薪资。员工银行账户里,每月薪资所得的金额,正式名称为薪资净额(net wage)。但对雇主而言,考虑是否招聘新员工的依据,并非薪资净额,而是薪资总值(gross wage)。

在德国,国家会从员工薪资中扣除包含退休金与失业保险两种社会保险的金额和法定健康保险以及长期看护保险。这些金额加上薪资净额，便是所谓的薪资总值。薪资总值中的社会保险金额，在员工年老、疾病、失业，或成为须长期照护的病人时，可带来一定的生活保障。员工本身缴付约一半的保险费，另外一半保险费，须由雇主承担。因此，对雇主而言，薪资总值比净额要昂贵许多。

因此，当薪资成为失业问题主因时，不只是雇主和员工之间薪资谈判的问题，国家也有部分责任，因为社会保险的金额，是由国家制定。

被解雇了该怎么办

造成失业问题还有一个因素，即是雇主害怕招进员工后，不容易请他们离开。尤其是遇到不景气，产品销路锐减，员工无所事事，就成为雇主一大负担。只是解雇员工在德国并非易事，法律中的职工保护法，可保护员工不会发生一夕之间便被解雇的事情。

职工保护法对员工当然是件好事。不必害怕毫无缘故就被解雇，对未来较能产生安全感，也能做较长期的人生规划，例如，买房子、结婚生小孩等。如果一直受到失业的威胁，这些计划便难成形。

不过这种保护对雇主而言，便须承担不小的风险。因此他们宁可到外国设厂，逃避此种规定。特别是国际企业，在考虑于何处设厂时，有无职工保护法之规定，就会成为一大考虑因素。

最后还有一个问题，德国虽有超过300万的失业人口，但同时却有上万的职位招不到人。这表明不仅存在职位不够的问题，劳动力也一样不足，听起来仿佛相当矛盾。产业界称这种状况为技术人员短缺，如德国便相当缺乏工程师与技工等专业人才。

导致技术人员短缺的原因，是因为许多失业者没有学历也未受过任何技能训练，雇主无法聘用这些人填补职缺。另外，某些中高龄失业人士，也不愿意远走他乡，就算别处能找到工作，也不愿前往就职。

总之，失业问题相当复杂，没有简单的解决方式。

知识补充包：
机器会抢走人类的工作机会吗

　　德国著名巧克力品牌施多威克（Stollwerck）在柏林设有工厂，生产程序全部自动化，每天消耗70吨可可原料，生产出70万盒巧克力。生产线只有少数工人，留意设备是否干净，负责成品装箱及质量控制等工作，其他制造过程全部交由机械设备完成。

　　今日大部分糖果公司，和施多威克公司的状况都差不多。从前巧克力工厂还没有这么多机械设备，生产工序如提炼可可脂（cocoa butter）、添加糖与香料、制备巧克力浆等，多半靠人工完成。有了机械装置，这些工序无须人手，便可自动完成，人力变成多余。乍看之下，机械设备的确抢走不少工作机会。

　　但事实真是如此吗？

　　首先，必须有公司专门制造生产这些机械。专营机械制造公司，在制造这些从前没有的机械时，必须聘雇新员工。

　　至于巧克力工厂，必定会减少雇员人数。因为假使购入新式机械装备后，所需的人力和从前一样的话，这种投资就不具有任何意义。

从总体经济的角度来看，巧克力工厂自动化所带来的可能影响，颇令人玩味：工厂生产自动化一段时间后，老板可以回收投资于新装备的费用。而且，在节省雇员薪资支出后，他所能获得的利润就更高了。面对多出来的利润，老板可以有三种方式处理：第一，购入更多的机械设备，以期获得更高的利润，也就是扩充投资；第二，将获利花在购买珠宝首饰、名牌衣物，或旅行等私人享乐上，也就是消费；第三，可将钱拿去转投资，如买下其他公司股票等。整体而言，无论上述哪种方式，理论上都应该会增加工作机会。

购买新机械设备，可为机械制造产业及其经销上带来新的工作机会；购买新珠宝首饰，也会为珠宝业界制造新的工作机会；就算买股票，也会出现同样的效果：公司卖出股份，可能会将所得用来添购新机械设备。无论是扩充投资、消费或是转投资，同样都会带来新的工作机会。

而且，事情可能不只如此。当竞争对手得知巧克力工厂因添购新型机械设备而获利大增时，很可能也想购入同样的设备，虽然使得厂内雇工人数减少，但如上所述，还是可能在其他领域增加更多的工作机会。

还有可能出现另一种状况，即是工厂老板添购新型机械设备，巧克力生产自动化后，成本降低。老板不想立即将多出来的利润收入口袋，而是降低巧克力售价。这可能会导致两种结果：第一，如老板所愿，顾客因价格便宜而购买更多的巧克力；第二，顾客将其购买巧克力所省下来的钱，转至别处消费，例如，上理发店换新发型，或是上服装店买新T恤。两者又可造成新的工作机会：巧克力销售量增加，公司便得雇用更多的人；理发店顾客增加，就得雇用更多的发型设计师。

巧克力工厂里的工人，因新型机械装置而失去工作，是一件残忍的事实。但是，从整体来看，生产成本降低却可能在其他领域创造新的工作机会。况且，面对新科技及工厂自动化，我们还能有什么其他选择？毕竟，我们不可能只靠人力，将货物背在肩上从南运至北，总不能只因机器会抢走人们的工作机会，便拒绝使用货运列车吧？！

为什么足球明星梅西赚得比我爸多

阿根廷足球明星梅西年薪约为3500万欧元，是德国一般员工平均薪资的875倍，德国全职员工平均年薪约为42000欧元。

梅西和其他一般员工一样，都属于受雇阶层：梅西受雇于西班

经济学关我什么事
ECONOMICS IN LIFE

牙巴塞罗那足球俱乐部（FC Barcelona），而一般普通员工则受雇于一般普通公司。至于梅西工作量是否比一般员工大，是个难以查证的问题：梅西每天训练时间约为两三小时，每星期参加一两场比赛，此外仍必须出席足球俱乐部举办的公关活动。就阿根廷每周平均工作时数为40小时来看，梅西的工作量难以超过一般阿根廷员工。

但梅西月薪却以百万欧元为单位计价？！为什么企业有时愿意支付几千万欧元的年薪，有时4万欧元，有时甚至连一毛都不愿意支付？

职业足球选手并没有集体薪资谈判的机制，选手可以雇用专业人士为自己，实际上也只能为自己，争取高薪。而足球俱乐部及其赞助企业，又该如何计算球员的薪资标准？

经济学家可以很冷静地计算：只要梅西带给足球俱乐部的收益，超过他的薪资所得，便可说明梅西的确值得如此高薪。换句话说，只要梅西所属球队，能靠他不凡的球技赢得欧洲冠军联赛（UEFA Champions League）冠军，且使球迷纪念品销售量大增，俱乐部赚进的钱，就可以远远超过支付给梅西的薪水了。

不过，签约时俱乐部当然无法预知一切是否如愿，足球明星也可能陷入低潮，踢不了好球。退而求其次，只好希望球迷还是会因明星买票进场看球，或者至少会买纪念球衣。

梅西和一般员工的最大差别，便是梅西闻名全球，并受到全球球迷的热爱。没有人认识一般员工，但几乎每个人都知道梅西是位灵活的小矮个球员。梅西的高知名度，不仅是因为他神乎其神的球技，更是因为传播媒体将其比赛实况传播至全世界。全球各地都有球迷，希望能看到他出场比赛及想买他的纪念球衣。这对运动用品制造公司来说，也非常有利：以他命名的足球鞋，便热销于全世界，为公司带来好几百万欧元的利润。

因此，就俱乐部及其赞助企业而言，梅西的确可能值得几百万欧元的月薪，因为他具有世界顶尖球员的能力，能为他们带来许多利益，至少绝对不会少于支付给梅西的薪资。

不过，如果梅西持续低潮，老踢不了好球，他的魅力就会消失殆尽。

第四章

钱永远都不够用

| 第四章 | **钱永远都不够用**

我儿子最近刚受坚信礼（Confirmation）[1]，亲朋好友及邻居们皆送来不少礼物。我自己接受坚信礼时，收到的礼物大概是手帕、锡杯或现金。比起手帕或锡杯，我比较喜欢收到现金。

我儿子比我幸运，他的礼物大部分是现金。现金是很实用的礼物，收礼者可随意支配运用，相较之下，拿到锡杯便别无他用了。[2]

我儿子收到礼金后，除去买书及DVD外，还去了一趟理发店，花了12欧元剪头发。假设我拿着当年收到的锡杯去理发店，代替现金，请设计师帮我理发，读者觉得会发生什么事？我的设计师是个非常亲切且热情的希腊人，我想她会大笑，拿起锡杯掂掂重量，考虑是否该拿它来敲我的头。

若没有钱币制度，请理发师剪头发的报酬，便需是她眼中等值的事物。例如，我可以在她打烊后，留下来打扫店面。不过，如此一来我就无法准时完成这本书。况且，书写对我而言还是比打扫容易得多。或者，我也可以拿我父母农场所生产的香肠，付给理发师作为理发费用，她可能会接受这种交易。不过，拿着香肠到酒吧或

---

[1] 坚信礼为一种宗教仪式，德国青少年通常于14岁时接受此礼，同时象征成年。

[2] 德国传统餐具为锡制，今日锡杯、锡盘则作为纪念品收藏，通常雕刻得精美繁复，只有标示纯锡制造，才能用来盛水及食物。

89

经济学关我什么事
ECONOMICS IN LIFE

超市，想要以物易物，可能就很难成功了。

造成以物易物难以通行的原因有许多。如果别人拥有我想要的东西，只有同时满足两种条件的情况下，我才可能得到它：一、物主愿意出让；二、对方愿意接受我提出的交换方式。同时，双方必须拥有共识，认为双方所提出的交换物，皆为等价。

例如，如果有人想出让牛仔裤，又刚好看上我的脚踏车，而我正好也想将脚踏车脱手。以上虽然满足以物易物的初步条件，但接下来还有其他考虑。例如，我可能认为，他的牛仔裤不值脚踏车的三分之一。这该怎么办呢？脚踏车又无法分解计价。可是，如果我拿现金，而不是用脚踏车交换的话，上述问题就不可能存在。牛仔裤的卖家也一定喜欢拿到现金，因为现金可随他支配。况且，现金还可任意分成好几等份使用，而且没有折旧的问题。

专家认为，钱币是非常实用的度量衡单位及交易媒介。在一般情况下，钱币既不会腐烂，也不会折旧。一张用得皱巴巴且沾满污渍的10元钞票，和一张平整崭新的10元钞票完全等价。因此，专家认为，钱币也具有价值储藏（store of value）的功能。

| 第四章 | **钱永远都不够用**

硬币为什么是硬币

钱币要能通行,必须先获得人们的信任。相信钱币所代表的价值,并且别人也必须认可这个价值。若没有这层信任,人们便不可能拿出物品交换钱币。

理论上,只要能够赢得人们的信任,任何东西——包括圆珠笔、名片在内,都可以拿来当成钱币使用。不过,如果被视为钱币的东西,人人皆可毫无限制且轻松地复制生产,很快人们便会对它所代表的价值失去信任。

历史上,世界各地出现了各形各色的货币形式。位于西太平洋雅蒲岛(Yap)上,便曾使用巨石板(Yap stone money)作为货币,至今这种货币在当地传统节庆时,仍具有些微的作用。巨石板体积庞大,长度甚至高达4米,具有不易携带的特点,正是这个特点,极可能是造成此种货币形式无法广为流传的主因。

除去不易携带的缺点不谈,巨石板至少具有两大优点:第一,不容易崩坏;第二,数量有限。从前,岛上居民必须冒着生命的危

经济学关我什么事
ECONOMICS IN LIFE

险，才可能取得新的巨石板：首先得划竹筏至600公里外出产石矿的岛上，开采大石块，再将石板装上竹筏，运回雅蒲岛。由于过程太艰辛，岛上的巨石板数目得以维持固定，使其稀少性及价值皆能保持不变。

另外，斐济群岛（Fiji islands）的居民使用鲸鱼牙齿作为货币；印第安人则将贝壳制成珠串，当成货币使用。德国在"二战"后，香烟曾有一度成为如货币般的交易媒介：在新发行的货币市场行情尚未稳定时，用香烟可以换取面包、鸡蛋或是奶粉。

历史上，第一次使用金属制造的硬币大约发生于4000年前。这些硬币具有所有通行货币的特点：便于携带、不易损坏，并值得信赖。由于铸造硬币的金属材质本身便具有一定的价值，因此较容易赢得使用者的信任。例如，希腊人在2700百年前便开始使用银币，而银本来就是贵重金属，还可用来打造饰品。希腊人所铸造的银币成分维持400年不变，相当值得信赖，因此通行范围甚广，在西班牙，甚至印度，古文明研究学者都曾发掘出希腊银币。

继希腊之后，罗马人也认为发行货币的想法不错，因此沿用金属铸币的方式，建立金银两币并存之系统。罗马金银币通行状况甚佳，一直到尼禄大帝①时期才出问题。尼罗执政时，罗马帝国负债甚

---

① Nero，37年—68年，传说中火烧罗马、杀师弑母的暴君。

高，政府便在铸造硬币时偷工减料，混入大量便宜金属，取代金银贵重金属。这种做法导致人们对硬币失去信任，原本值一块第纳尔（Dinar）①的面包，变成得用两块第纳尔才能买到，这种现象称为通货膨胀（inflation）。关于通货膨胀，本书将会再做详细说明。

可以自己印纸钞吗

古代中国人在公元10世纪便开始使用纸钞。比起金属铸造之硬币，使用纸钞最大优点就是携带方便。不过，纸钞不像硬币，材质本身并不具有一定的价值，这也是纸钞和硬币最大的差异。

既然如此，古代中国所发行的纸钞，又如何赢得使用者的信任呢？首先，在那个时代，造纸并非易事。而且，印制纸钞是皇帝的特权，只有皇帝才有权下令印制。纸钞的效力及价值，全由皇帝决定。纸钞制度在古代中国通行了好几百年，也可看出人民对皇帝显然颇为信任。

---

① 古罗马帝国的银币单位，至今仍有一些国家使用此单位名称，如伊拉克、科威特、突尼斯、塞尔维亚等国。

经济学关我什么事
ECONOMICS IN LIFE

欧洲纸钞的发展较迟,纸钞不如金币、银币,材质本身并无任何价值,因此无法轻易获得人们的信任。一直到18世纪初,苏格兰人约翰·劳(John Law)才想出一个好办法,建立一套发行系统,加强人们对纸钞的信任。此种方法即是在所有发行的纸卷上注明,持此卷者可随时交换特定数量的金币或贵重金属。后世印制真正钞票时,仍然沿用此种原则。

这种等价交换系统的原则,一直沿用至19世纪。世界上所有重要货币,皆可与强势货币美元兑换。美元钞票至1971年都享有政府的保证,可与中央银行交换等量黄金。今日,虽然美国中央银行里还存有许多黄金,但纸钞交换等量黄金的保证已不复存在。实际上,工业先进国家的人民,也无须黄金交换作为保证,而是自动信赖政府所发行的钞票。即便如此,近年来发生两大危机,使得此种信赖受到极大的打击:其一为金融风暴(financial crisis),其二则为欧债危机(euro crisis)。稍后,本书会再针对两者做详细说明。

看不见的钱

硬币及纸钞虽然是很好的交易媒介,但还是有个缺点:必须随

第四章　钱永远都不够用

身携带,出门购物时才能付给店员交换商品。而邮购公司或像亚马逊网络书店等商家,则是提供顾客无须出门、在家通过商品目录或直接在网页上选购之便利。如果顾客消费后,还得亲自出门将钱送至商家,这种购物方式便失去它的优势。因此,人们便想出新的方法,一种无须使用硬币及钞票的付费方式。

其实,历史上很早便出现非现金支付(cashless payment)的交易方式。导致这种方式出现的主因,是商旅的困难及危险:经商在500年前,是一项高风险的行业。在欧洲,许多商人会设法集结成团,并雇用佣兵来保护旅程中的货品及人身安全。但即便如此,强盗打劫仍不时发生,常会因此失去货品及赚得的金钱。因此商人不愿携带大笔现金旅行,便想出存钱的方法。商人通常会将钱币存放于金匠处,因为金匠通常会有一个墙厚门重的储藏室,用来储藏准备打造成首饰的黄金。商人可安心地将钱存放在此处,并领得一张纸作为收据,明列出他交给金匠保管的金额。

根据这张收据,金匠必须担保支付持有者所列的金额。因此,这张纸也就变成一种支付承诺的证明。凭着这份支付承诺,商人也可拿来购买其他物品。如此一来,商人便无须使用现金,一样可以进行交易。例如,当他购进一大捆丝绸时,只要把金匠开立的收据交给丝绸商,丝绸商收下后再转交给金匠。而金匠回收此收据后,将上述金额如数计入丝绸商名下,再开列一张新收据交给丝绸商,同时也将金额从商人所寄托的钱数中扣除。这样一来，金匠所开列的收据，就变成支票。今日，支票使用在德国并不常见，但在美国仍然是很普遍的付款方式。

今日付款方式早已多样化，愈来愈少的人直接拿现金支付。最常见的非现金支付方式则是银行转账，特别是在缴费账单，例如，房租时，或是公司支付员工月薪，都经常使用这种方法。有了银行转账，月底发薪时，公司会计不必身怀巨额现金，以便转发给各个员工，而只要直接从公司银行账户转账至各个员工的账户即可。整个过程看不到现钞，银行只要做好登记，载明谁转出多少钱给谁，将支付金额从公司账号扣除，再添进各个员工账号里即可，所有转账记录都会载明于银行对账单中。

另一种常见的非现金支付方式是以金融卡付款。[①]有了金融卡，到超市买东西便不必再带现金，只要将卡刷入卡片阅读机，确认购物金额正确无误，便可输入密码，再按一次确认键，账单上的金额就会从自己银行账户转出，汇入超市的银行账户里。金融卡付款成功的先决条件，是卡片阅读机必须与计算机系统相连，辨识金融卡

[①] 德国金融卡称为电子现金卡（EC-Karte），如VISA金融卡一样，具有提款及商店刷卡的功能，由德国银行产业委员会（Deutsche Kreditwirtschaft）联合发行。在德国，电子现金卡比信用卡流行，大部分的商店都接受此种付费方式。

是否有效，及输入的密码是否与卡片相符。这一计算机系统，则直接与银行相连。

与金融卡付款方式相似的，还有信用卡。两者唯一的区别是，以信用卡付款，所付金额并不会立即从自己的银行账户中扣除。与信用卡连接的系统，会搜集所有以信用卡支付的金额，每月结算出总额，再由持卡者径行支付。在许多国家中，信用卡都比金融卡流行。不过有鉴于网络购物的盛行，企业也发展出新型付款方式，如PayPal。此外，今日也发展出手机付款系统，极有希望能在未来成为常态。

今日社会里，货币虽是交易媒介的主流。不过，以物易物的交易方式仍然存在。例如，德国许多城市都设有地区交换贸易系统（Local Exchange Trading System，缩写为LETS）。通过此种系统，人们可交换各种劳动服务，例如，一小时修剪草坪交换按摩服务，或者照顾幼儿一次交换两小时的数学家教。借由这些劳动交换，人们不仅享受劳动的乐趣，还可增进小区交流。

银行正在偷偷挪用你的钱

在现实生活中钱是很重要的东西，没钱就无法买东西。而提供人们钱币使用的机构,就是银行。接下来,读者将会明白,银行不仅是最重要,同时也是最危险的金融机构之一。银行保管钱币,再提供给顾客使用:或许是贷款,也就是顾客向银行借钱,之后必须连本带利地还清;也可能是从账号里支领款项,这时银行会从顾客的账户里拿出金钱交给顾客。

正因人们需要银行所提供的服务,这样的机构才可能出现。关于银行兴起的历史,大致可简述如下:早在公元前3000年,西亚美索不达米亚古文明,便发展出与今日银行业务类似的商业行为,且通常在神殿或宫殿中进行。由于害怕强盗打劫,当时许多人会将值钱物品,如黄金和谷物等,寄放在神殿中。而神殿看守者,则有权将寄放的物品暂时出借,只要在约定交还物主的期限内将物品收回即可。看守者将存放的黄金或谷物借出,可换取薄利。因借出者,在约定期限内必须缴回比原来更多的数量。其中看守者所获得的利益,就是利息(interest)。

公元前700年,古希腊便出现一种类似今日银行家的职业。这些上古的银行家借钱给他人时,会要求借钱者签下归还保证,若无法归还借款,便得卖身为奴。此制度沿袭至罗马,仍然相当盛行。

到了中古欧洲,人们对银行家这个职业的认识,仅局限于换钱服务。提供此服务者通常会在市场中摆张桌子,桌子的意大利文为banca,这也成了西方语言中"银行"一词之字源;这些坐在桌子后的人，意大利文称作banchieri，也就是银行家，最早只提供兑换服务，渐渐地也开始替他人保管钱财。而将钱交给银行保管的人，起初并未有其他想法，只要求将来能从银行家手中领回等量的钱。

日后情况开始有所改变，特别是当人们对银行家产生信任后，银行家开始将接受保管的钱部分出借。也就是在这段时间，西方语言出现破产这一词汇：如果银行家无法在约定时间内将所保管的钱归还给所有者，摆在市场上的桌子就会被人破坏，意大利文称作banca rotta，即为西方语言"破产"（bankruptcy）一词之字源。

欧洲历史上第一个真正的银行组织，出现在公元1200年左右的威尼斯。这个银行名为Montevecchio，当威尼斯政府缺钱时，便向它借贷。此后，贵族、商人及工业界，需要借贷的人愈来愈多，银行设立也愈来愈多。直到今日，借贷仍是银行最重要的业务之一。

一个对银行毫无概念的人，可能会非常诧异，原来他所存入银行的钱，并不会原封不动地保留在账户里。虽然在存折及对账单上，明列出顾客存入账户的金额，但这笔钱很快就会被银行转借给他人。就像公元前3000年美索不达米亚的神殿看守人一样，银行就是将别人寄放的钱转借给他人而获利。

有时甚至可能出现下列状况：一个工人将一张100欧元钞票存入银行，银行又刚好将这张钞票借给雇用工人的老板。不久，老板将这100欧元钞票付给工人，工人再将这张钞票存入银行。如此一来，

经济学关我什么事
ECONOMICS IN LIFE

工人账户存款增加，老板的债务增加，银行生意也跟着增加。而整件事情的主角，只是同一张100欧元钞票，听起来的确很不可思议。

我儿子小时候有一阵子常上银行，检查他在那里的存款是否还在，因为他无法完全相信银行，这种想法其实是挺聪明的。

好利息与坏利息

银行出借代他人保管的钱，获取利息，称之为贷款业务（lending service）。如前所述，贷款是银行最重要的业务之一，利息则是银行提供借款服务所收取的好处。例如，当顾客跟银行借出100欧元，并说明一年为期，届时必须缴还银行110欧元。其中借出与缴回之差额10欧元，便是利息。正因利息的存在，银行才可能将其视为业务之一。

至于收取利息一事，争议不少。有人批评，银行只不过将别人的钱转借出去，再拿回更多的钱，等于根本没做任何事，便可轻松获利。

这种说法其实并不完全正确，银行还是在做事。毕竟，在借钱给顾客前，银行必须先从他处搜集足够的资金，这可不是一件轻松容易的事。况且，世界上有这么多银行，抢着做同样的事。

第二个支持银行应该收取利息的论点，则是借贷本来就是一件高风险的生意。假使借贷者计划失败全军覆没，借出的钱无法收回，银行便可能陷入窘境，危急时甚至必须拿出自己的钱偿还。若要银行肯冒风险继续借贷，则必须有所收益，借以弥补可能发生的损失。

第三，贷款业务之所以存在，正因有人需要借贷，这也是支持利息存在的另一个论点。有人需要借贷，可能是因为想买房子，若得不到这笔贷款，便无法买下房子。要能拿到贷款，就必须找到愿意将钱借给他的人。而利息，便是促成将金钱出借给他人的最大诱因。若得不到利润，谁愿意将钱借给他人呢？

就这点而言，借贷对两方都有好处：银行可借此赚取利息，借贷者则可因此实现梦想，购入原本无法负担的东西。如此皆大欢喜，还能有什么反对的理由吗？

美国经济学家欧文·费雪（Irving Fisher）曾提过一个亲身经历的小故事。有一回，当费雪去按摩时，按摩师在闲聊时提起利息一事，并认为收取利息是一种偷窃的行为。费雪并未当场反驳，但在按摩结束，按摩师向他收取30美元费用时，跟按摩师说："没问题，只是我不想现在给你，几年后再说吧。就算是你借我，有一天，我一定会还你这30元。"按摩师回答："我可等不了这么久，我现在就要

经济学关我什么事
ECONOMICS IN LIFE

这笔钱。"费雪说:"你看,这不就代表,今天你能拿到的钱,比起一年或十年后才能拿到的钱,还要有价值吗?"若有人想一年之后再付30元,自然得付出更多,如32元,这个多出来的价钱,就是银行所称的利息,也是顾客可以不立即缴回银行欠款的代价。

因此,以较为复杂的方式来说,利息就是暂时出让钱财的价格。或者,利息就是换取现金的代价。

即便如此,认为借贷、利息和银行皆为恶势力的观点仍然普遍存在。这种看法也的确不是空穴来风。对某些人来说,借贷的确可能导致恶果。例如,贷款买房子后却失去工作,无法按时缴清贷款及利息,负债金额便会愈滚愈大,导致陷入无力负担的绝望困境。美国发生金融风暴后,许多人都陷入此种困境,无法自拔。

知识补充包:
不值钱的有价证券

一般而言,人会受惊吓通常是因为事情毫无预警突然发生。而股市、银行,或是资本市场,便常常带给人们惊吓,且通常是因某张有价证券(security)突然跌破专家的眼镜,价格大幅滑落。这可能是股票,也可能是其他标载财产权的有价凭证。例如,某甲参与

第四章　钱永远都不够用

金矿开采，投资部分金额，因地质学家拍胸脯保证，此处一定可挖出许多黄金。结果，并未挖出任何金块，矿产不值半毛钱。而某甲手上那张证明拥有部分矿产的有价证券，也跟着变成连半毛钱都不值了。

若是参与这项投资的人数众多，就会有很多人和某甲一样损失财产，这种情况便会令许多人受到惊吓。不过，这种状况波及的范围有限，仅在投资开矿者的圈圈里。虽然如此，若损失金额庞大，还是可能产生极可怕的后果。

假设投资者不是个人而是银行，所引发惊吓的程度，可就更为惊人。近十年来所发生的经济危机中，主角皆是银行。如2008年前后所发生的全球金融危机，美国雷曼兄弟投资银行（Lehman Brothers Holdings Inc.）拥有的有价证券，价格突然大幅滑落，导致破产。

当银行面临破产危机时，可能发生的情况如下：所有将钱存在银行的客户，一听到银行可能破产的消息，便会立即要求提领现金。银行便开始变卖所有可以脱手的资产求现，而最先抛售的，通常是最易变现的股票。当银行开始大量抛售股票，或者当很多银行同时一起抛售股票时，股价就会大跌，而波及其他持有股票的银行和投资者，造成更大的损失。

雷曼兄弟投资银行引发的金融危机，导火线便是有价证券。这些证券则和美国中下阶层购屋贷款所负担的债务有关，当这些人无力偿还房贷时,证券价格便极速下滑,更糟糕的是,没人知道这些证券到底在谁手上。全世界大部分银行都被怀疑可能拥有这批废纸,而可能出现财务危机。疑虑一旦出现,不只客户急着跟银行提取存款,就连银行之间也因彼此怀疑,而急着抛售手上所有可能变卖之物,以求兑现。且因保险起见,几乎停止对外借贷,连一般公司及个人都无法获得贷款。没有贷款,公司和个人便无法进行投资或是消费,经济因此衰退,造成公司倒闭,失业者剧增。为了应对金融危机,各国政府及其中央银行无不想尽办法,力挽狂澜。除了提供大量资金,拯救濒临破产的银行之外,并设法通过各种大型计划,刺激经济发展,例如,兴建新公路、设立新学校等,设法补救突如其来的重大损失。如此一来,国家负债大增,因而产生下一波危机,即是欧债危机。欧债危机也就是主权债务危机(sovereign debt crisis)。至于主权债务危机是什么,本书会再做详述。

为了避免重蹈覆辙,许多人要求银行今后不得如此为所欲为,必须接受监控管制,国家也不可再动用人民缴纳的税金来拯救银行。有人考虑银行规模应该缩小,也有人认为银行必须存放更多的预备金,以备不时之需,并且也须缴纳更多的联合救济基金。所有做法都导向同一个目标,即是期望今后银行能够不必凭借外力,便有能力自行渡过危机。经历这十年来的经济危机后,人们已经了解,一家银行倒闭,可能受害的人数无法估计。

| 第四章 |　　钱永远都不够用

签了手机合约的那一刻，就开始负债

今日，借贷或欠债的可能性，都要比从前高出许多，尤其是年轻人，更容易陷入负债的状况。在德国，五分之一的年轻人身负债务，债主除了银行、邮购或网购公司之外，也可能是父母或亲朋好友，不过其中最常见的，则是手机电信业者。

在德国，年轻人签下生平第一纸合约，多半为手机合约，常常这也就是负债的开始。①面对业界推出的各式商品服务，如简讯聊天、手机铃声及图片下载、无线上网等，青少年很容易便失去控制，月底账单可能出现好几百欧元的高价。

除了使用预付卡外，一般来说，使用手机打电话其实是一种寅支卯粮的借贷形式。一直要到月底收到账单，消费者才会知道到底花了多少钱，通过银行自动转账扣缴功能，这笔钱马上就会从消费者账户扣除，且经常超出预算。因此，青少年在使用手机时必须特

---

① 德国民法规定满18岁即有签约能力，刑法则认定满21岁才算成年。

经济学关我什么事
ECONOMICS IN LIFE

别留意，否则一不小心，银行账户便会出现赤字，给自己带来麻烦。

好债主与坏债主

专营借钱的放款人通常名声不佳，从中古欧洲开始，这些人总在他人陷入危难时出现。例如，当佃农遇上荒年歉收，又必须缴纳佃租给地主时，放款人就会以高利贷方式借钱给佃农周转。这时利息不只是原款的15%，而是高达70%或是80%。也就是说，当他借出1000基尔德币①时，要求一年后收回1800基尔德币。

而除了高利息之外，放款人还会要求抵押保证。向他借钱的佃农必须签下合约，表明如果未实时缴清借债，佃农所有家产都将属于放款人所有。虽然条件苛刻，但人在急难时，通常也别无选择，许多人也因此失去全部家产。以此看来，放款仿佛是件很不道德的事。不过，道德与否，如同世间所有人事一样，总有不同的看法。在谈论道德与否之前，我们应该先问，如果没有这些放款人，欠缴

---

① Gulden，为中古欧洲之货币，通行于今荷兰及德国等地。

第四章 | 钱永远都不够用

佃租的可怜佃农会发生什么事情？

结局很可能是一样的：地主一样会赶走佃农，并没收其家当作为欠租之补偿。相较之下，放款人至少带给佃农一线生机，一个继续保留租地的可能。而借款条件如此苛刻，和借款人是否存在的相关性其实不大，反而较可能和高佃租制度有关。

为什么我的钱会变得不值钱

德国在1923年时，曾出现一个奇特的经济现象：面包、牛奶或衬衫等民生用品，月底价格是月初的300倍。工人拿到的薪水愈来愈多，发薪时还得拿大袋子来装钞票，只是拿到这么多钱，工人却一点都不高兴。因为不管他们拿到多少钞票，隔一天后，这些钞票就几乎都成为废纸。

这是德国历史上的一段黑暗期，人民不仅失去所有的储蓄，也对经济社会及政治制度完全失去信心，整个社会深陷于绝望的深渊。

这到底是什么状况呢？原来，整个德国都笼罩在一个名叫通货膨胀（inflation）的恶灵之下。所谓通货膨胀，便是指市场上大部分商

经济学关我什么事
ECONOMICS IN LIFE

品或服务价格长期持续上涨，造成货币不断贬值。举例而言，今天1马克可以买到1磅奶油，明天只能买到半磅，后天仅剩四分之一磅。一旦发生通货膨胀，人们只会愈来愈穷。

所有其他工业国家所曾发生的通货膨胀，都无法与德国1922年至1923年的经历相比。正常的情况下，德国年通货膨胀率为1%~3%，而1923年10月，德国通货膨胀率则高达30000%，一个令人难以置信的数字！

为什么会发生这种事？导致悲剧的罪魁祸首就是政府。德国在第一次世界大战及战后大举国债，为了偿还债务，政府便大量印制钞票，流进市场循环，导致物价不断上涨。那么，过量钞票和物价上涨的关联又是什么？

以下便以说故事的方式，来解释这个问题。

很久以前，在一个名为荒乡谬土之小国，突然出现一架直升机，从空中洒下100亿基尔德钞票，使得境内钞票数突然变成双倍。由于荒乡谬土一向与世隔绝，和其他国家没有任何接触，所有民生物资皆靠境内十家工厂及十家农场生产制造。如今，境内突然多出大量的钞票，人民手上握有的钞票增多，农夫、工厂主及商人，便开始提高商品售价，甚至是提高至原来的双倍。基尔德币的购买力（purchasing power）折半，也就是说，如今1基尔德币只值从前的一半而已。

第四章　钱永远都不够用

德国在20世纪20年代初，也有类似荒乡谬土的经历。但不同的是，钞票并不像在故事里那样，从空中落在每1个人头上。工人与职员为了能支付饭钱，必须要求更多的薪水。但是，在他们得到更多的薪水时，企业也同时提高商品售价，以便支付员工要求的高薪。物价提高后，员工只得继续要求加薪，因而陷入薪资与物价竞相提高的恶性循环。

在德国那场经济大波动的后期，工资变成每日发放。由于人们知道今日领到的钞票，明日便不值钱，储蓄便不再有任何意义。因此，只要一领到薪水，便立即花光所有手上的钱，谁知道同一套西装明天会涨成什么样的价钱？先买下来再说。

不过，消费者这种先买先赚的心理，商家也非常明白，因此也跟着顺应局势，提高商品售价。实际上，通货膨胀之所以形成，正是基于消费者的预期心理：相信未来通货膨胀的出现，并立即反应在现时的消费行为上。这种情势发展只能以疯狂两个字形容。

另一方面，政府为了应付市场需要大量钞票，购置新型制钞机，以便迅速印制钞票上市。最后，甚至干脆在原有旧钞的币值数后，直接补上几个零充数。而人们上街购物，还得用手推车堆满钞票才够。一则老笑话说，当时扒手行窃时，对满车的钞票不屑一顾，仅牵走更有价值的手推车。

经济学关我什么事
ECONOMICS IN LIFE

钱要怎么保值

历史经验告诉我们，货币贬值可能使社会及经济陷入危机。德国又因其自身的历史教训，对此现象特别敏感。因此，无论是从政者或是经济学家，皆想尽办法避免惨剧再度发生。德国的历史教训同样也影响了欧盟（European Union，简称EU）的货币政策，将货币发行数量视为通货膨胀的主因之一。

假设经济体系中所流通的货币数量，果真会影响通货膨胀，那么，控制货币数量便是一个防止通货膨胀的好方法。事实上，各国政府也的确采取此种政策，或者，更精确地说，各国政府皆委托中央银行，实行此种货币政策。另外，欧洲各国也共同设立欧洲中央银行（European Central Bank，简称ECB），总部设于德国法兰克福（Frankfurt am Main）。

中央银行可说是银行中的银行，其业务和一般人民无关。例如，会向德国中央银行借钱的对象，是德意志银行、安联金融服务集团、信用合作联盟银行（Volksbank）、地区性公营储蓄银行

（Sparkasse）等金融单位，比起一般银行，中央银行最大的优势，就是具有印制钞票的权力。

当一般银行需要现钞时，便会跟中央银行借贷，并付利息。这个由中央银行所设定的利息，称为基本放款利率（prime rate），是最重要的利息指标。有时，我们会听到新闻报道说："欧洲中央银行今日将基本放款利率提高四分之一个百分点。"这就代表钱币价值升高。

至于中央银行调高基本放款利率的时机，便是当专家认为，市场上太多现钞流通。现钞太多，容易导致通货膨胀，便须借由调高基本放款利率的方式，控制流通货币的数量。

当银行听到调高基本利率的消息后，便立即应变：调高利率，代表必须付给中央银行的利息增加，为了弥补亏损，便需跟着调高贷款利率。贷款利率升高，意味着贷款不利，企业因此暂缓并购或是投资计划。同时，银行提高贷款利率，通常也会一并提高存款利率。因此，许多人认为，比起借贷，还不如趁此机会赶紧将钱存入银行，赚取利息，而造成鼓励储蓄的效果。如此一来，流通于市面上的货币便会减少，随着货币减少，通货膨胀的危险也就跟着降低。

除此之外，中央银行还有两种抑制通货膨胀的方法：第一，是将手上的有价证券，如债券（bond），便宜地卖给各家银行，借此

经济学关我什么事
ECONOMICS IN LIFE

可减少市场货币流通；第二，则是强迫各家银行，将钱存入中央银行，使银行可外借的现钞减少，同样可以达到减少市场货币流通的目的。

欧洲中央银行规定，欧洲各国每年通货膨胀率不得超过2%。也就是所有货品及服务的平均价格，比起上一年的价格，不得多出百分之二。但是就在一般认为各国皆遵从指示，按照计划进行时，突然爆发欧债危机。

欧元：是好主意吗

通常，每个国家都有自己的货币，例如，美国有美元，日本有日元，印度有卢比。但在欧洲，出现了另一种想法：17个欧盟会员国[①]都认为，使用共同货币较为有利。因此，包括德国、法国、荷比卢（荷兰、比利时、卢森堡）三小国、奥地利、意大利、西班牙、希腊、爱尔兰、葡萄牙、爱沙尼亚、芬兰、斯洛文尼亚等国家，皆

---

① 自2014年元月起则是18个，第18个使用欧元的国家为拉脱维亚共和国（Latvija）。

| 第四章 | **钱永远都不够用**

引进欧元作为通行货币。从此，使用欧元的国民，到其他同样使用欧元的国家旅行时，无须兑换外币，也不必费心换算餐厅及旅馆等账单费用，实在是一件非常方便的事。

同样地，共同货币也带给企业不少便利。从前，如果德国公司想将一架标价100万意大利里拉（lira）的机器卖给意大利公司时，必须承担一种特别的风险，就是所谓的汇率风险（exchange rate risk）。因为意大利里拉兑换德国马克的价格，有可能隔夜便大跌，因而减少收入。有了欧元作为通行货币，欧洲内部的商业交易便稳定且容易许多。

不过，许多德国人对欧元仍然充满疑虑，认为还是使用旧有的马克较佳。在欧元成员国中，有些国家的旧有通行货币，并不像德国马克那样强势，例如，意大利里拉、希腊德拉克马（drachma）和西班牙比塞塔（peseta）都属弱势货币。对德国人而言，拥有一个强势的货币，是一件非常重要的事。

为什么拥有强势货币这么重要？简而言之，若拥有强势货币，人们可以毫不担心地使用存折上的钱，在国外旅游购物。听起来似乎微不足道，但是，这绝对不是一件无关紧要的小事。举例来说，iPhone或汽油等商品，基本上都是以外币支付，如果本国货币，对外币（如美元）的汇率突然下跌，意即货币价值不如外币（美元），即便生产iPhone的Apple公司并未调高价格，国内iPhone一样

113

会变贵。

另一方面，许多人也认为，欧洲共同货币可以强化彼此合作关系，并增进国际友谊。实际上，欧元也相当风光地维持了一段时期。而且，光从通货膨胀的角度来看，就算欧债危机达到高峰时，德国通货膨胀率还是低于马克时期。不过，无论如何，如今欧元还是面临重大危机。

要剖析欧债危机，就必须先从希腊这个面积不大的国家着手。因此，接下来笔者即以希腊为主，说明欧元到底面临什么样的危机。

希腊破产了？

自从希腊经济问题浮上台面后，有人便认为欧元前景堪忧。不过，尽管早有此预感，但当时还是没人能够预料到，这么小的一个国家，竟然会给欧洲带来这么大的麻烦。早在2009年，一些圈内行家便觉得情况似乎并不乐观。而希腊在十月国会大选后，新组成的政府发现，国家负债情况不如对外宣称那样低。实际上，希腊早已负债累累，光是2009年一年内，希腊政府的年税收，就比支出短缺了约十二个百分比。

当一个国家支出比收入高时，便须举债。如果是一般人，可能会到银行，询问银行是否愿意给予贷款。国家的做法也差不多，只是不仅询问一家银行，而是询问所有的银行、保险及基金等金融机构，是否愿意借钱给国家。如果价格合理，这些金融机构便会拿出现金借给国家。国家贷款一样得付利息，这种利息形式，便是债券。

不过，自2009年开始，金融机构便开始拒绝像从前一样提供低利率贷款给希腊政府。因为他们怀疑，希腊是否有能力偿还贷款。这个问题很快便浮上台面。由于金融机构拒绝继续提供贷款，希腊政府很快便陷入缺钱的窘境，所有政府日常支出，如各级公职人员的薪水、退休金和维持军队的费用等，皆无以为继。最后，其他欧元国家决定伸出援手，但要求希腊政府必须严格缩减开支。

事情为何会演变得如此严重呢？从历史来看，希腊经济状况长久以来便一直处在悬崖边缘。自从希腊成为独立国家后，政府大半时间不是处在无力偿还国债，就是破产的状况，而经济发展也长期不见好转。只是造成这波希腊经济风暴的原因，不仅是希腊经济发展的问题，还与欧洲共同货币密切相关。

在2001年希腊成为欧洲共同货币会员国后，各大金融机构曾对希腊充满信心，因为加入欧洲共同货币的希腊政府，提出一张漂亮的经济成绩单，说明国债已逐年减少。而这张成绩单，是其他欧洲共同货币会员国，对希腊所提出的要求：想加入欧洲共同货币，就必须满足降低国债并维持低通货膨胀率。希腊成功加入欧洲共同货

115

币后，自然是已经获得金融机构的信任。这一信任，却使希腊突然陷入一个从未经历过的奇妙局面：突然之间，希腊只要缴纳少许的利息，便能从各金融机构获得贷款。而且，不只是希腊政府，一般私人及企业也都能轻松地获得贷款。更奇妙的是，贷款所需缴纳的利息，有时还比通货膨胀所造成的亏损要低。也就是说，贷款几乎可以说是免利率了。

希腊通货膨胀率通常在3%~4%之间，而欧洲中央银行规定，各欧元国之通货膨胀率不得超过2%。从这一点来看，中央银行早该出面干涉。但因其他同属欧元国家的经济大国，特别是德、法两国，仍然维持低通货膨胀率。中央银行一旦出手干涉，例如，调高贷款利率，可能造成打压经济发展，成长陷于停顿的状态。因此，欧洲中央银行对希腊通货膨胀超过既定政策的问题，便一直保持袖手旁观。

更可惜的是，希腊并未理性地运用这笔轻松获得的便宜资金。举例而言，希腊政府无视原本就已存在的过多的公职人员，还是拿着这笔钱，继续雇用更多的人；企业也因资金取得容易，便懒得多动脑筋，而丧失市场竞争力；举国上下皆抱着狂欢的心态，花掉大笔的钱，直到某一天，金融单位突然要求提高利息，不愿继续提供便宜资金为止。

突然之间，希腊成了全世界的焦点。人们这才突然发现，这

第四章　钱永远都不够用

个国家竟然有着一个负债累累的政府和一个毫无竞争能力的产业体系。就连希腊最负盛名的菲达起司（Feta），在德国超市所卖的品牌，竟然不是来自希腊而是丹麦。

这样一来，情况更是雪上加霜。希腊政府贷款利息不断提高，而利息一提高，就更不可能省钱，恶性循环的结果，便是深陷泥沼无法自拔。在欧元时代尚未来临前，希腊政府一旦陷入这种情况，所采取的策略不是宣布破产，就是改革币制，使旧币大幅贬值，或者两者并行。如此一来，不管是菲达起司、橄榄油，或是到希腊度假旅游，便会出奇地便宜，因而刺激经济发展。经济一旦起飞，国家收入增加，政府便能继续维持一般开销，一切恢复正常。

令货币贬值的策略，在已使用共同货币的情况下，希腊政府已无法使用。另一种可能的方法，则是离开欧洲共同货币，重新使用自己的弱势货币，但希腊不愿意放弃欧元。最后，只剩下一种选择，就是政府宣布破产，一切重新来过。只是，事情并非如此单纯。希腊政府通过发行政府公债大举国债，这些债券散存于欧洲各个金融机构。一旦希腊政府宣布破产，这些债券立时变成废纸，持有者的损失无可计量，而造成金融机构减少贷款，甚至面临破产边缘而求助于各国政府的惨剧。为了不让希腊政府落到宣布破产的田地，欧洲各国纷纷伸出援手，提供希腊政府借贷或担保等各式经济援助。这些经济援助的附带条件则是：希腊政府必须严格执行财政紧缩政策。

希腊经济问题一旦浮上台面，各金融单位开始对某些欧元国家同样产生怀疑。如意大利、西班牙、葡萄牙和爱尔兰，经济情况与希腊极为类似，同样拥有低利率贷款和超过平均值的通货膨胀率。而欧洲中央银行同样为了德、法等经济强国，未做任何干涉。低利率贷款在西班牙，造成一阵热炒房地产的旋风，留下成千上万的空屋。在贷款利率突然提高后，身负房贷的屋主便突然陷入绝望的困境，而出借贷款的银行，也因回收利息，情况愈变愈糟。

以上种种迹象显示，这波欧洲经济风暴和超低贷款利率有密切的关系，只是各个国家使用轻松得到资金的方式不同，有些拿来雇用更多的公职人员，有些则拿来作为低房贷炒房地产。至于超低贷款利率的出现，则是通货膨胀所产生的结果。虽然各国通货膨胀率不一，但所有欧元国家贷款利率却是一致。也就是说，借贷同样金额时，希腊必须付出的利息和德国或法国都一样。问题是，希腊的通货膨胀率比德、法两国都要高，货币经过通货膨胀后，同样的金额，便产生不同的价值。这也等于是，希腊负债的实际价值不断地萎缩，因此，比起德、法两国，更需要继续借贷。

这就是超低贷款利率带来的问题：利用时机毫无节制地大量贷款，却不做任何理性运用，借来的钱全花在无助于经济发展之处。

所有便宜贷款所带来的经济繁荣，不过是昙花一现的假象而已。

至于，欧洲应该如何防止类似危机再度出现，或者，欧元是否能够继续维持，目前都是无解的问题。

第五章

国家是个收银员

| 第五章 |　　**国家是个收银员**

当收银员的国家

购物付钱时，其实顾客不只是付给老板而已，同时也自动地付给政府。在德国，当店家卖出一件10欧元的T恤，便须缴给政府约1.6欧元；一辆10000欧元的汽车，政府则收到1597欧元。这种缴给政府的款项，是一种特别的税，称作增值税（value-added tax，简称VAT）。德国大部分商品的增值税为19%，某些商品税额较低，如食品及书籍则是7%。

增值税是一种消费税（excise），只要消费者购买商品，便得缴税。德国其他的消费税则有烟草税及汽柴油税，例如，在德国加油站里加满一油箱的费用，有三分之二是缴给德国政府。

政府跟人民收钱的名目，可不只是增值税而已：员工们领到薪水，必须缴纳薪资所得税；其他的收入，可能是房东的房租收入，或买卖股票所赚得的收入，或者所有按件计价工作的报酬，例如，作家写书拿到的稿费等，全都得缴纳所得税。

除了各式税目，德国所有领薪水的员工，还得缴纳各种社会保

经济学关我什么事
ECONOMICS IN LIFE

险,至于保险项目及费用高低,都由政府决定,其中包括失业救济保险、退休保险、健康保险和长期看护保险。员工每月定期缴纳保险费用,当他们年老、疾病、失业,或成为需长期照护的病人时,便可获得救助金。最后,政府还会跟国民索取各种费用,例如,想申办或延长护照的人,都得缴纳一定的费用给国家。

有时,国家看起来像个敛财专家。每年,德国纳税者联盟(Bund der Steuerzahler)①都会发表统计,计算国民一年之内帮国家工作多久。就统计数据来看,每年德国国民生产总额,一半都缴进国库之中。

如果不想惹恼人民,国家便必须提出一个正当的理由,说明收税有理。

国家能帮我们做什么

本书至目前为止,提到的问题都是和市场经济及其运作有关。

---

① 德国纳税者联盟成立主旨为降税及节税,督促政府裁减冗员、不浪费税收并降低国债,但不得承办纳税咨询业务。

| 第五章 | **国家是个收银员**

读者已经了解那只看不见的手,如何满足我们想要拥有iPhone、想吃巧克力的物质需求。也从历史教训中得知,如果国家强力主导生产及经济发展,通常只会得到相反的效果。

不过,就算是市场经济的忠实支持者,也不得不承认,某些事物还是交由国家经手比较好。例如,我们都希望人人能公平地对待他人,没有人会成为谋杀、偷窃、伤害、诈骗或毁谤等罪行的受害者。因为这个期望,所以我们需要法律,而且是一个适用于所有人的法律,无论是穷人还是富翁,法律面前一律平等。然后,我们还需要法官、检察官、警察,确保法律制度能够真正维持与实行。

某些事物,就像教育和权利一样,不应该保留给特殊族群,而是全民共享之物。属于这些事物的,还有军队,能保障国土不受外敌侵略;或者外交,能促进与他国合作关系。这些事物都必须交由国家承办,使用人民所缴纳的税金,聘请教师、军人及外交人员。

这些交由国家经手的事物,又称为公共财政(public good)。读者或许会问,为什么公共财政不能交由市场自行运作组织?针对这个问题,经济学家认为,公共财政之所以无法交由市场,主要和普遍存在的投机心态有关。举例而言,搭车逃票,就是一种投机行为。搭乘公交车或火车不买票,是一件极不公平的事。逃票者并未如其他买票的乘客,付出金钱支持公交车和火车的营运,逃票者总是认为,只要靠别人付钱,大众运输系统就可以维持。由于这种自

125

私的心态,使得公交车和火车营业收入减少,就算营运者有心,也会因此无法提供给旅客更好的服务。

在一个任由投机者自由发展的社会里,这种自私心态可能导致无法出现完善的司法系统、机动的消防组织,或是健全的军队。因为大多数的人都会期待,法官、消防队员、军人及所有公职人员的薪水,可由他人出钱维持,无须从自己口袋掏出半毛钱,而这种想法将会危及整个社会。如果某个系统可能无法靠自己的力量维持正常运作时,国家便出面主持,这是国家必须承担的责任。

公共财政的认定并非没有争议,学者及从政者便常常争辩,国家出面干涉是否必要。例如,只能靠国家出资才能维持营运的游泳池、剧院或博物馆,是否应该存在?或者,市民及这些设备的使用者,应该付出足够的价钱,支持这些设备无须使用国家税收,一样可以维持营运?另一方面,不少机构组织皆致力于古物珍品保存,使古书、古画及古剑等文化遗产不至损毁腐坏。保存及修复古物所需花费甚巨,无法仅凭参观者门票收入来维持。

这类关于国家角色的争议,特别是在讨论是否该由国家出钱辅助某一产业时,冲突更加激烈。这类产业辅助金额称之为补贴(subsidy)。在德国,特别是农业及煤矿业者,均领有政府经济补贴。尤其是煤矿业的补贴,由于补助金额庞大到不可思议的地步,更是争议不断。近二十年来,德国政府补贴在煤矿业上的金额，已超过1000亿欧元，2012年，还追加了约160亿欧元的补贴金。

就2005年的统计数字来看，德国就职于煤矿业的员工，每人每年获得政府补贴约7万欧元。其他国家生产的煤矿，都比德国便宜许多，如澳洲。德国煤矿业借由国家的补贴政策，才能不受外国便宜煤矿之威胁。德国政府目前暂定于2018年结束此种补贴政策。

德国煤矿近五十年来的生产价格，比起其他国家较为昂贵。五十年前，约有60万人从事煤矿开采的工作，在无法与其他便宜对手竞争的结果下，就只能裁员。当时，人们并不希望裁员。虽然失去工作的矿工也可能在其他产业找到工作。因为当时德国企业已开始抱怨雇不到员工，必须引进外籍劳工。不过，台面上的政治人物，都不希望失业矿工走向街头抗议，这种情况虽然可以理解，但为了保住矿工的工作，国家则须付出极为昂贵的代价。

总体来看，德国政府还是不断地从大部分产业中撤退。从前，电力、自来水及暖气供应，皆属于国家责任之一。现在，则大部分由民营企业接手，但必须接受严格的监控。比起制造不粘锅的公司，提供水、电、暖气的公司必须接受政府更多的规范。而国家必须出面干涉的原因之一，便是这类企业的初始投资金额极为庞大，就像提供给大众使用的供水系统，若无任何助力，仅靠私人或是私营企业的力量，是绝对无法完成的。

管教"乌贼"

有时，企业或个人从事经济活动时，可能对第三者造成伤害，这时，国家的存在便很重要。在所有可能造成的伤害中，环境污染就是一个例子。在现代社会中，无论是汽机车或是工厂，都不断地排放二氧化碳至大气中。专家发现，这些存在于大气中的二氧化碳，会造成地球温度升高、河川干裂、冰川融化、水源枯竭等现象，可能对人类生存产生莫大的威胁。

从前，生产过程是否会破坏环境，并不在企业的考虑范围。而且，侦察环境破坏的元凶，通常不是一件容易的事。但是，对国家而言，保护环境不致受到严重破坏，则是一件责无旁贷的重要任务。因此，国家必须制定法规，减少或禁止污染环境的行为，企业则必须接受规定。

而企业或是个人只有在下列三种情况下，才可能停止继续污染环境的行为：一、良心发现，二、法令禁止，三、须付出昂贵的代价。要等"乌贼"的良心发现，可能得等到地老天荒。因此，国家还是主动出击，先立法禁止，如此才比较可能收到成效。

不过，现如今最时髦的环境保护法令，则是结合市场经济原则，就是污染排放权（pollution right）的交易。所有需要排放废气的企业，必须跟国家购买污染排放权，政府则维持限量的污染排放权。如果某家企业增建过滤装置，可过滤废气，减少二氧化碳排放量，便可将手中多余的污染排放权，转卖给其他仍继续大量排放废气的公司。买下污染排放权的公司便可继续排放大量废气，只是必须付出昂贵的代价而已。

面对这项法令，企业可以自行选择，或者引进先进科技，设立废气排放过滤装置，或者买下更多的污染排放权。这也使得环境污染成为会计精算的一部分。目前，欧洲所实行的环保体系，也采取类似的方式。

国家帮你付学费

现代社会中，国家还有一项要务，便是所谓的重新分配（redistribution）：国家从富人手上收取金钱，再发放给穷人，使人人都能享有一定的生活基本条件。此外，由于市场是盲目的，不会区分人们是以什么方式进入市场竞争,也不会考虑是否人人皆具有公平的出发点。因此国家必须辅助市场竞争的弱势者,使其享有平等的机会。

举例而言,如果单靠市场机制来决定大学就学名额,学费将会非常昂贵,对贫困家庭而言,负担儿女学费变成一件非常吃力的事情。因此造成出身清寒的学子,失去进入大学就读的可能性,自我发展也因此受限,无法完全发挥特长。这不仅不公平,也非常没有效率。禀赋优异但出身贫困者,因此而丧失事业发展的可能性,无法成立企业、无法发明新事物、无法成为悬壶济世的医生,也因缺乏文凭,无法在许多大企业及行政单位获得提拔。

仅因出身贫寒,便丧失自我发展的可能性,不仅对个人,对社会来说也一样可惜。

今日,不少德国大学已开始征收学费。对于此事,各方见解不一,台面上的政治人物也争论不休。[①]从前,在德国大学尚未征收学费的年代,出身于社会地位弱势家庭之子女,多半已维持较低的

---

① 德国为联邦制,教育属于邦政府的权力范围。但2002年修正的大学基准法(Hochschulrahmengesetz,简称 HRG)取消大学收费之权力后,引起7个邦政府严重反弹,要求释宪。2005年,德国宪法法庭判定学费收取与否,决定权属于各邦政府,联邦不得置喙。判决一出,不少大学便开始征收学费。但由于争议太大,各邦政府反复不一,至今持续收费者仍为少数。

第五章　国家是个收银员

教育程度，能进入大学就读的比例更低。原因可能是家长无法，或是不想继续负担出外就学子女的房租及生活费用；也可能小孩因生活圈里缺乏榜样，无法明白就读大学的乐趣，及对未来发展之重要性。因此早早放弃希望，不认为自己可以走向这条路。①

针对这种现象，国家至少可以在经济问题上着手进行改革：可以设立公立大学，让学生能免费就读；或者，也可以提供禀赋优异的清寒子弟奖学金，使其就读大学的梦想不再这么遥远；其他的，就直接交由市场机制解决。

第二种方法可使出身贫寒的大学生学会自我负责，在进入大学前，便必须计算清楚，自己最适合就读哪一个科系，或者，就读哪一个科系对自己的未来最为有利。第一种方法则是较为保险的做法，至少不会出现漏网之鱼。

重新分配的方式，还有社会福利制度。一个长期失业且无法继续领取失业保险的人，生活还是需要钱。在德国，这些人可向国家申请领取救助金。②今日，领取这类救助金，通常含有附加条件，例

---

① 德国学制各邦不一，基本上基础教育只有四年，第五年后开始分流。预计进入大学的学生，就读文理中学（Gymnasium）；准备尽快就职者，进入职业预校（Hauptschule）；另有实科中学（Realschule）介于两者之间。

② 德国失业保险给付仅以一年为限，台湾地区则为半年。

如，领取者必须再进修，或做转职训练；有时，则必须接受打扫街头，或是公园除草等工作。

德国最重要的社会补偿机制，就是税赋制度。收入高者，缴纳的税额为不等比例的高；收入低者，几乎完全不必缴税；收入未达某个标准，则完全不必缴税，超过标准后，每多1欧元收入，视所得高低，缴纳税金从0.15~0.42分欧元不等。

德国税制一直是个争议颇多的问题，反对者众，且不分政党。有人批评，德国税制太过严苛，而重税制度，只会打击勤奋工作的人，并惩罚事业有成者；也有人批评，德国税制系统不够完备，不管财富来源是勤奋工作还是遗产，只要有钱，永远有办法乾坤大挪移，使国家无法扣税；另外，还有人宣称，德国税制设计太过复杂，混淆不清。光为了厘清税制，便耗费社会太多时间与精力。省下这些时间与精力，可以从事更多更有意义的活动。

政府不只花你的钱，还欠债

关于国家，还有一件令人相当诟病之事，即是国家每年花出去的钱，比收入的要多上许多。从本书对欧债危机的叙述中，读者不

| 第五章 | **国家是个收银员**

难了解,这样的举动有多危险。德国各级政府,包括联邦政府、邦政府及各城市乡镇等,在2008年举债总额已超过一兆5000亿欧元,两年后,也就是2010年,已超过2兆欧元。据德国纳税者联盟统计,德国国债是以每秒超过1000欧元的速度,迅速增加。[①]

为了缴纳国债利息,就得编列公共预算。德国政府每年开支项目排名,失业救助占第一位,再者便是国债利息,教育预算则是不成比例的低。实际上,如果能够充分利用贷款创造更多财富,负债本身便不是件坏事。就像贷款购屋一样,政府借钱可以用来修筑马路、兴建学校或创立大学。国家可能极为富有,但同时负债累累,债台高筑。另一方面,国债也可能用在对经济发展毫无用处的地方。例如,德国部分国债就用在支付各级公职人员的薪水这类对未来没有任何帮助的支出。

读者常会听到政治人物在提起国债时宣称,不可留给子孙后代这么庞大的债务。这种说法当然没错,但是从经济学的角度来看,也只对了一半。因为,子孙们也能享受国家建设所带来的好处,如桥梁、隧道、马路及学校等,若非举债,国家便无法完成这些建

[①] 德国多处设有国债钟,例如,德国纳税者联盟统一前旧总部威斯巴登、新总部柏林或慕尼黑、波昂等。同步网页如下:www.staatsschuldenuhr.de,最新显示负债每秒增加1556欧元。总额超过两兆1600万欧元。

设。而且，子孙们继承债务时，同时也会继承国债债券。债券是国家贷款形式之一，人民可以自行购买，作为投资之用。所有借钱给政府的人，都会得到一份正式文件，明列出文件持有者出借的金额，或者5000欧元，或者1万欧元不等。

只要有能力且有意愿，每个人都可以得到这纸文件，代价则是借钱给国家。借钱并非大方送，当然同样要收取利息：每个持有文件的人，未来皆可以收回其出借之金额，或者5000欧元，或者1万欧元。在这之前，每年还可以向国家收取利息，作为自愿出借金钱的报酬。不少人手上持有这类债券，作为投资使用。这些债券，在持有者死亡之后，会由子孙继承。也就是说，子孙不但继承了债务，同时也继承了债券。

不过，不管怎么说，现今无人胆敢宣称高举国债是件好事。况且，国债高代表利息负担大，政府每年税收用来缴纳利息的比例也高，因而无力负担其他重要的支出。

因此，如何减少负债，便成为一个重要的课题。提高税收，增加收入以避免再举新债，是政府可行方法之一。在德国，讨论如何增加税收的焦点，便集中在是否该开征富人特别税上。毕竟，近二十年来，德国人民财产总额整整增加一倍，政府的确可以从中抽税。只是这种做法效力有限，如果政府向人民及企业征收过高的税，将会付出更昂贵的代价，如果纳税者不愿意，或者根本负担不起这么高的税金，企业就会将工厂外移至税金较低的国家；人民也不想再工作，或者打黑工、移民国外、想办法逃税，将钱藏匿于他处，甚至是干脆投票换掉政府。

另一个减少负债的不二法门，就是节省。各级政府单位可以通过减少开支的方式，来降低债务。只是说时容易做时难，所有因缩减开支政策而受影响的人，一定会出声抗议：地方政府需要钱来广设幼儿园，大学里学术研究也需要钱，领退休金者更不愿退休金变少。政治人物为了选票，也不敢随意开口提出紧缩政策。

节省开支，不是一件简单的事。反过来说，或许更为精确：不节省，比较容易。因为国债高筑的苦果，并非实时可见，等到选民尝到苦果时，那些始作俑者的政客，早已退休不再活跃于政坛了。

因此，国债问题仍未解决。

国家另外一项重要任务，便是经济政策的制定及推行。这也是接下来的主题。

景气循环、经济政策与经济成长

国家最大的期望，就是人人有工作，可以自给自足，不仅不会

经济学关我什么事
ECONOMICS IN LIFE

陷入贫困,且能日渐富裕。

　　整体而言,社会经济发展是可以交由市场机制做决定。不过,政府有时会认为,整体经济波动过大,甚或发生不公平现象,某些波动也可能导致失业,造成社会问题。

　　从过去数年的经济发展中,可归纳出某种规律的模式:当经济成长至某一阶段,便进入停滞,甚或萎缩,过了这一阶段,便又继续进入成长状态。这种时而成长,时而衰退的模式和景气循环(economic cycle)有关。

　　这种模式虽然规律,但并不代表没有问题。近年来,德国最大的社会问题便是失业,一旦经济成长陷入停顿甚或萎缩状态,失业人数便会直线上升。因此,不难理解政府为了减少失业问题,希望经济能够长期维持成长状态。

什么是经济成长?是什么长大了

　　经济学里有一个颇为怪异的名词,叫作国内生产总值(gross domestic product,简称GDP),是指国家在一定时期内,生产的全部最终产品和提供的服务价值的总和。国内生产总值是以金额计算,例如，在德国生产并卖出两张100欧元的桌子，在国内生产总值的计算中，就不是两张桌子，而是200欧元。

当国内生产总值增加时，人民过好日子的机会就会跟着增加。从国内生产总值的成长曲线，可看出社会是否更为富裕，或是变穷。

造成国内生产总值变化最主要的因素，是社会经济的总需求（aggregate demand，简称AD）。而总需求的数量，则取决于总体经济中，四个主要参与者的购买力：首先是个人，如购买冰箱等消费行为；其次则是企业，出资增盖新厂或是购入机械设备；再次是国家，拨出预算修筑公路或设立新学校；最后则是其他国家，无论是他国政府或是外商企业，皆可能向国内企业采购机械或是汽车等商品。所有上述消费行为皆会产生收据或账单，将这些收据及账单中的金额相加，便是所谓的总需求。

至于经济成长的成因，其实很简单。例如，上述四个经济活动的参与者，至少有一个比起过去一年，在德国花费或投资了更多的金钱，就可以说，德国经济成长了。

首先，以个人消费而言，如果一个家庭不只是买冰箱，而是将厨房大翻修，国内生产总值便会增加。要一个家庭拿出比过去更多的钱来消费，可能原因有许多，有时人们甚至只因邻居有了新厨房，便觉得自己也一定要有。不过，稍具理性的人，则会先考虑自

经济学关我什么事
ECONOMICS IN LIFE

己是否能够负担，也就是经济学家所说的可支配收入（disposable income，简称DI）是否足够。这点则和薪资及税率高低有关，也和个人能从政府拿到多少社会救助及育儿津贴有关。[①]另外，也有不少人还有房租收入，或是股票投资获利等收入。这些也都会影响购买欲望。

还有，大幅度加薪后，人们可能也会开始计算自己是否能够负担新厨房；或者，政府低税率，可使人们口袋多出一些钱，也会刺激购买欲望。

这也是政府试图提高经济成长时，制定经济政策的首要考虑方向。政府可以利用降低税率等方法，增加个人可支配收入，来刺激购买欲望。一旦人民消费大于过去，国内生产总值便会增加。

不仅如此，降税也可造福企业，使他们可以保留的收入增多。这些收入，可以用来整修办公大楼，安装新电梯，或是购置输送带、联合收获机等大型机械设备，也可以用来增聘员工，或者加薪。无论如何运用，直接或间接都能增加消费。降低税率是经济政

[①] 在德国，小孩出生直至满18岁为止，父母皆可申请并获得育儿津贴：生育1~2胎，每个小孩每月可领184欧元；第三胎是190欧元，第四胎起每位215欧元。另外从2013年起，父母自己照顾1~3岁的幼儿，可再获得100欧元的补助。

策中一个增加国内生产总值及促进经济成长的有效方法。不过这种方法,仅适用于经济市场机制无法正常运作且国家希望提高总需求时。

除了降低税率外,政府也可以增加支出,例如,提高给人民的补贴金额,如育儿津贴等;或多向企业采买招标,如修筑公路等。政府缴付企业所开出来的账单,也同样会增加国内生产总值。支持政府必须在经济萧条时,增加支出以促进经济成长,最有力的学者,便是20世纪初的英国经济学家凯恩斯(John Maynard Keynes)。

就定义来看,如果国内生产总值增加,便代表经济活动的参与者中,或多或少皆比从前富有,这些参与者可能因此提高消费,进而使其他人跟着受惠。凯恩斯及其理论支持者,称此种现象为乘数效果(multiplier effect),并认为,政府增加支出可说是造成经济成长的关键推手。

但是,事实果真如此吗?以下将会细究这种观点,并显示其实这种做法也会引来反效果,而出现抑制成长的现象。从这个例子,读者不难理解,经济政策在实行层面上的种种复杂性。

目前政府已是负债累累,且每年仍旧入不敷出。若依照凯恩斯理论所言,继续增加支出,政府只能采用两种方式达到目的:增加贷款,或是提高税率。

一、政府若是采取提高税率的方式,人民可支配收入就会减少，企业收入也会减少。如此一来，不仅很快就会抵消国家增加支出所产生的正面影响，而且，人们会减少支出，企业会降低生产。

二、如果政府不打算缩衣节食，反而决定大举国债，同样会造成影响。政府想借钱，就必须向各金融机构贷款。但是，金融机构不只是提供贷款给政府，同时也提供给个人及企业，以满足购房或购置机械设备等投资愿望。如果政府、企业及个人同时要求贷款，便会造成银行提高利息，导致贷款变贵的结果。一旦利息提高，企业便会停止购买大型机械设备及增盖厂房的计划，个人也会暂缓购屋计划，而造成经济萎缩。不过，如果社会原本就处在经济萧条时期，这种影响就不会成为任何问题。

三、另一个问题是，如果政府降低税率，人民可支配收入增加，虽然造成消费增加，但不在国内消费，而是国外，例如，出国旅游，或购买舶来品及进口车等，同样于事无补。

上述例证说明，干预经济所造成的影响难以预估，因为参与者众多，变量也多。因此，政府制定经济政策并非一件容易的事，况且，人民的经济行为也不是这么容易操控。例如，德国人民相当了解，今日政府增加育儿津贴，是为了明日提高税率的垫脚石。一旦政府缺钱，之前发放给人民的好处，马上会从其他地方要求回收。当人民有此自觉后，自然会谨慎小心，不可能在获得一点经济上的好处时，便爽快地花光。

第五章　国家是个收银员

不过，这并不表示，政府对经济问题束手无策，毫无施力之处。如果国家不受债务控制，经济政策上便可以有更多的选择，并可在不提高税率，且不举债的状况下，增加政府支出。由此看来，目前所实行的节省支出以降低国债，是个可行的政策。

至于国家面临的另一大难题，也就是失业问题，政府可以采取降低工作职位成本的方式，也就是说，降低国家从薪资中所扣除的各项费用，以增加工作机会，减少失业人口。除此之外，德国失业者大多教育程度偏低，代表德国有不少人尚未接受良好教育。从此观点着手，各级学校必须加强辅导，使学生能正常学习，并减少辍学发生。就算在经济萧条时期，教育程度较高者仍然拥有较好的发展机会。此外，因遭解雇而失业的人，如果拥有足够的补给，也不至于马上沦落。失业者三大补给资源，便是知识、技能及态度。其中知识一项，便属于国家必须负责的范畴。

第六章 世界是座大金库

| 第六章 | 世界是座大金库

钱会跟着潮流走

经济绝不单调无聊,就像企业不可能轻轻松松地售卖商品,所有事情都抱着船到桥头自然直的心态,任其发展就好。企业天天都要面临众多的问题,就像消费者喜新厌旧,要求更好的商品,或是竞争对手推出崭新的商品或服务,或者国外商家提供更便宜的类似商品等。

这个世界无时无刻不在变动,就历史发展而言,经济不仅充满了跳跃式的变化,连外貌也彻底改变。而说到影响人类经济活动最重要的历史事件,则非工业革命莫属了。工业革命首先发生于18世纪末的英国,随后扩展至西欧及北美各国。造成工业革命的主因,则是工厂的兴起。当时工厂渐渐在经济生产中取代传统手工制造,造成人们生活翻天覆地的大变化:工厂不仅提供市场惊人的商品数量,且吸引许多人从乡村远道而来,新城市于是形成。工业革命首先出现在纺织工业,接着则是冶铁业,最后铁路及轮船的发明,使交通运输系统发生革命性的变化。

经济学关我什么事
ECONOMICS IN LIFE

世界不断地变化，革命也不断地发生。实际上，目前世界正处在一场革命性的变化中。这场革命性变化肇始于20世纪90年代，至今仍持续进行。由于尚未找出一个合适统称来指称这个革命性变化，因此只能以关键词做部分形容：网络、无线通信、全球化、业务外包①。所有这些变化，都显示出一个共同的特性，即是生产本身不再像从前那样重要，从企业的角度来看，销售才是决定性的关键能力。

这个革命性的影响可分成三大潮流来看，即是：网络革命、全球化及品牌世界的形成。这三大潮流并非独立现象，而是相互关联且相互影响，共同造成社会经济的急剧转变。

网络钱淹脚目？

直到20世纪90年代，青少年听音乐还是以录音带及唱片为主。今日，这些产品已经非常少见，英国甚至有商家拒绝贩卖录音带或是唱片。并且，我们可能很快也要告别另一种商品：光盘。更精确

---

① 原文为outsourcing，意指将生产转移至便宜的贫穷国家。

地说，是音乐光盘。再见了，音乐光盘，1981年才出现于市场的商品，至今不过三十余年，却已成为夕阳产品了。

造成音乐光盘销售状况愈来愈差的原因很明显，当音乐可从网络免费下载时，谁还会花钱买音乐光盘呢？不如买张空白光盘片，自己刻录下载的音乐就好。或者，朋友下载的音乐，也可以经由计算机复制，这种行为虽然大多是违法的，但有时也是合法的。现在，年轻人所听的音乐，更是直接从iPod或智能手机下载。

这个潮流，对音乐工业产生了莫大的威胁。毕竟，音乐工业赚钱的方式，至今仍是销售旗下歌手或乐师所录制音乐光盘。许多音乐公司因此陷入困境，最后只好接受音乐光盘销售惨淡的事实，并大量裁员。不过，经过长时间的犹豫，这些公司也开始自己架设网站，提供消费者下载音乐，不过市场好景已经不再，生意大不如前。

诡异的是，今日年轻人比过去听更多的音乐，至少，笔者是这么认为的。君不见，今日年轻人耳里大半时间都塞着耳机吗？

虽然先进的网络科技的确造成许多旧产业的崩坏，但同时也造就不少新兴产业，例如，德国音乐网络杂志 *Tonspion*，便专门提供乐迷合法免费下载音乐的网络链接。就连Apple公司也靠专属的数字媒体网络商店iTunes，赚进大把的钞票。

伴随旧产业的没落，即是新产业的兴盛，这也就是科技革命所

经济学关我什么事
ECONOMICS IN LIFE

产生的典型现象。

如今，遭受网络科技冲击的产业更多，例如，网络电话的兴起，便将传统固网电信业者，如德国电信公司，逼至死角。网络电视更是挑战传统电视公司节目时段分配。今日观众可以在网络上自由选择节目，且可以随时观看，又何必受制于电视台的播放时间？此外，网络同样也为邮购交易带来革命性的变化，印刷精美的产品宣传单不再流行，取而代之的，是像亚马逊或eBay这类在线交易网站。人们不再为了转账上银行，只要通过网络银行即可自行操作。现在更有愈来愈多的读者，直接在计算机或手机上，阅读报纸。

受到网络科技巨大冲击的，还有传统百科全书的出版业者。今日，德国许多家庭的书柜上，仍然存有一套24册或30册的《布罗克豪斯百科全书》（*Brockhaus*），就像英国家庭常见的《大英百科全书》（*Encyclopaedia Britannica*）一样。长年以来，这两套百科全书深受读者喜爱，虽然价格极为昂贵，每套售价皆超过2000欧元，但出版商仍然获利甚多。只是好景不长，英国首先出现危机。只读记忆光盘（compact disc read-only memory，简称为CD-ROM）上市后，微软老板比尔·盖茨又推出一个名叫Encarta的新产品，将所有百科全书的内容压缩成一张光盘片，从此，可轻易地随身携带百科全书了。

《大英百科全书》自1990年起，损失近80%的营收。比起传统纸本式的百科全书，压缩成光盘片的数字百科全书不仅便宜，更是轻

| 第六章 | **世界是座大金库**

便,对消费者而言,自然具有更大的吸引力。但是,数字革命仍然在继续,下一波打击则来自网络,即是维基百科(Wikipedia)的出现。

维基百科是架设于网络上的公开百科网页,参与撰写者完全自发,并采取共同撰写的方式,且因架构开放,无时无刻不在修正改进,使得内容持续增加。更何况,维基百科还有一个最大的优点,即是免费。如此一来,谁还愿意花钱搬砖头般的书回家放?在新科技的冲击下,市场结构已完全改变,谁能预料,这些传统百科全书出版社,如布罗克豪斯或大英百科,又该何去何从?[1]

在这波变动中,最令人侧目的,就是惊人的速度。今日,Google这家网络科技公司几乎无人不知,无人不晓,而公司历史至今不过十余年[2]。据数据显示,2007年7月16日Google公司总资产额已经高达920亿欧元。而成立已逾百年、生产奔驰车的德国戴姆勒集团,同一天所发布的公司总资产额,不过是720亿欧元。

这样的变化是好是坏?就像人生一样,在动荡与变化中,总是有人获利有人牺牲。这波先进科技改革所带来的最大阴影,便是服务于过时科技产业的从业人员,突然面临减薪甚至失业的危机,毕

---

[1] 维基百科于2001年正式上网,而微软于1993年所推出的数字百科全书Encarta,在2009年已正式宣告下架,并在同年年底关闭网站。

[2] Google于1988年的登记成为公司。

149

经济学关我什么事
ECONOMICS IN LIFE

竟,社会不再需要这些产品或是服务。例如,德国电信,从前执全国电话通信事业牛耳之企业,便面临莫大的竞争威胁,不得不设法与员工达成协议,在不裁员的大前提下,5万员工减薪并增加工时,共渡难关。

此外,市镇失去本地公司企业,也会出现不少难题,像失业人口增加、地方政府的税收减少等问题。撇开现实利益不谈,本地企业的消失,代表着地方失去部分历史传承,而传统的消逝,总是令人感伤。

不过,正如俗话所说,旧的不去新的不来,新的电信公司及新的网络服务业者,同样会带来新的工作机会。而且,当消费者想安装电话时,也出现了多种选择,一家公司垄断市场的局面不再有。此外,新科技带来的便利,更是无处不在,如今,谁不享受四处可以收发电子邮件,或上网便可查询各种知识的便利呢?

印度人与美国货

或许有人会问,全球化算是新潮流吗?欧洲上古时期的希腊人、腓尼基人(Phoenician)及罗马人,不是早已驾着商船往来全世界?确实没错,别忘了,400年前在荷兰和英国出现的股份有限公司，也已经在亚洲和美洲进行国际贸易了。

况且，数十年来，国家间的贸易也愈来愈频繁，几乎所有德国大企业在国外所得的利润皆大于国内。更不用说，几乎所有德国人也都习惯购买舶来品，只是不自知而已。就像超市里的柳橙、菠萝，甚至大部分葡萄和苹果，MP3随身听、计算机及各式家具，都早已不再是德国自己生产的了。

虽说如此，国际贸易在近十至二十年间，还是发生一些变化。这个变化的开端，始自某些大企业关掉西欧及美国的工厂，转至东欧或亚洲设立工厂。这些工厂的生产流程通常很简单，如牛仔裤缝合之类的工作。而当地劳工，跟从前在富有国家中的工人一样，就算是毫无经验的生手，也可以很迅速地学会。唯一不同的是，当地劳工的工资极为低廉。

紧接而来的下一个阶段，则是整个产业的消失。从前，像电视、收音机及电唱机等产品，大多都是德国企业制造生产。如今，这些电器产品主要来自亚洲，就连计算机、打印机等都是。

在日本及韩国相继打败欧美等国，晋身于工业国家之列后，今日，欧美企业所面临的最大敌手，则是来自印度及中国。就连专业服务业者，都有不少来自国外的竞争，特别是印度。

以报税为例。每年报税季一到，所有有收入的成人，都必须跟国家财政单位申报一年所得，根据其填写资料，国家才能计算税收。而报税并非一件容易的事，许多人都会交给专业的税务代理人计算申报。根据统计数据显示，在美国，现在有超过50万人，将报税一事交给印度专业公司代理。

除去报税，科技产业也一样。许多西欧企业使用的计算机程序，皆交由东欧或是印度的专业人员设计撰写，原因无他，就是因为便宜。医疗服务产业的例子就更多样了。德国人远至波兰看牙补牙，美国人则前往巴西或墨西哥进行整形手术，而美国许多医院甚至将病人的X光片由网络传至印度进行评估判读。这一切原因无他，就是因为便宜。

另外一个常见的业务外包服务，就是英文称为call center的电话客服中心。通过电话客服中心，企业可以接受顾客订单，或提供给客户产品技术支持等服务。只是企业所提供的电话号码，常常已是转接至国外。例如，拨打德国汉莎航空（Lufthansa）所提供的客服中心电话，接听者可能是土耳其伊斯坦布尔（Istanbul）电话客服中心的雇员。在美国若是计算机出问题，拨打计算机公司的客服中心电话，接听者通常是位于印度的公司雇员。

除了服务部门之外，从前某些被视为绝不可能外移的企业部门，例如，会计部门，专门计算并记录公司采购、生产成本及销售商品所获得的利润等单位，或是专门研究开发新产品的研发部门，也出现外移的现象。

这种企业部门的外移，归根结底也就是劳动分工的进化版，即是将生产过程细分成各个步骤，且尽可能在每一步骤压低成本。将制造过程分工至全球的典型例子，便是生产计算机的美国戴尔（Dell）公司。

全球化生产：以戴尔公司为例

这个例子出自美国记者托马斯·弗里德曼（Thomas L. Friedman）所撰写的畅销书《世界是平的》（*The world is flat*）。

在美国，弗里德曼打电话给戴尔公司，订购了一部笔记本电脑，并请公司告诉他，这部笔记本电脑究竟是在何处生产制造的。在这里，我必须先简单介绍一下戴尔公司：戴尔公司成立于1984年，是一家颇具特色的企业，而戴尔公司的计算机到2008年才出现在商店售卖。长久以来，顾客购买戴尔计算机的方式，皆是先看过广告宣传单后，再打电话或通过网络跟公司订购。公司接到顾客订单后，才会开始动手组装计算机。

这种销售方式非常特别。一般公司，不管是生产汽车、毛巾，还是MP3随身听，都是先生产产品，再期望能将产品卖出去。戴尔公司却是先等顾客确定订购后，才动手组装产品。这种反其道而行的方法之所以能够成功，需要的是一个完善的计算机系统支撑。借由这个系统，顾客一旦下单订购，戴尔公司分布于全球的工厂及仓库经理,马上就知道该进行哪一步骤,并可相互协调,丝毫不乱。

根据弗里德曼的描述,当顾客于美国戴尔公司订购一部笔记本电脑后,最迟一个半小时内,距离美国两万公里远、位于马来西亚的某个高架储存仓库,便会开出一辆货车,将订单上所需之零件送达工厂,交由工人进行组装。

至于计算机中各种零件之来源,虽然难以一一详究,不过,大约可以概述如下:通称为CPU的微处理器来自英特尔公司(Intel),生产地则可能是哥斯达黎加(Costa Rica)、菲律宾或是中国;通称为RAM的计算机内存则可能是德国英飞凌(Infineon)公司的产品,或是韩国的三星;显示适配器来自中国大陆,散热器则来自中国台湾地区;屏幕可能在韩国、日本或中国台湾地区制造;内存卡来自马来西亚或以色列。诸如此类,多到不及备载。

戴尔公司告诉弗里德曼,他所订购的笔记本电脑,包括上下游制造厂商,共约有四百家企业参与制造。如果毫无意外,一切按部就班,从顾客订购到收到货品,只需五天时间。

听起来的确惊人!但同时也出现另一个疑问,戴尔公司可以算是计算机制造业者吗?是的,戴尔公司仍算是计算机制造业者,不过,这个公司最使人感到吃惊的,还是调配汇集全球供货商的能力。

戴尔计算机的例子,显示出这一波新型经济发展特色如下:
一、较贫穷的国家,一样有能力制造及提供可靠的高技术产品;

二、先进的信息科技使空间距离不再成为问题，企业总部随时能够监控远在他方的工厂；三、对饱受威胁的富国企业而言，戴尔公司便是一个最好的例证：只要能够妥善运用世界各地的产品及技术，结合本地的优势，仍有绝佳的成功机会。

在德国种橙子，在西班牙造车

从上述例证中，读者已看到全球化带来的正面影响，并了解全球化不过是分工的延续。就像在乐团里，若每一位乐手都能熟练地演奏自己的乐器，便能合奏出优美的音乐。不过，全球化仍有不少负面影响，最明显的，便是造成太多社会不安。

尤其是长年服务于西门子、德国电信、安联金融服务集团等大企业的德国员工，必须面临突然被裁员的危机。因为这些大企业可能突然决定关闭设在慕尼黑、坎普·林特福尔特（Kamp-Lintfort）[①]、法

[①] 旧时西门子手机工厂所在地，位于德国西部北莱茵邦，2005年10月，台湾明基以无出资方式并购西门子手机部门，接手设于此地的工厂，成立明基西门子。2006年9月台湾明基宣布停止继续投资，明基西门子旋即宣告破产，关闭工厂，并于2007年公告拍卖。

经济学关我什么事
ECONOMICS IN LIFE

兰克福或波恩（Bonn）的工厂或办公场所，外移至波兰的克拉科夫（Kraków）、斯洛伐克首都布拉迪斯拉发（Bratislava），或是马来西亚首都吉隆坡。抢德国员工饭碗的，是来自企业内部的竞争。

从企业的角度来看，这种情况并不成问题：大企业原本在世界各地皆有据点，并不难应付全球化的挑战。若是德国工厂在市场竞争下无法生存，只要由设在中国的工厂接手就可以了。

但对员工而言，事情就不是这么简单了。尤其是对一位服务长达30年的50岁资深员工，因工作单位外移至东欧罗马尼亚而失业，该如何面对这种变化？还能重新学习新技能以便转职吗？

到底，全球化是件好事还是坏事？这个问题值得做进一步的探讨。

原则上，没有任何理由可以说明，分工应该以国界为限。以德国职业足球为例，拜仁慕尼黑球队（Fußballclub Bayern München）[①]只有一个目标：赢球，拿下德国甲级联赛冠军，获得"德国足球大师"（Deutsche Fußballmeister）的封号。在成功为唯一前提下，拜仁慕尼黑四处寻找最佳球员加入球队，无论是守门员、后卫、中场及前锋球员，皆是一时之选，至于球员来自何处，是意大利、法国、

---

① 迄今获得德国足球甲级联赛冠军次数最多的球队。

巴西,或是德国门兴格拉德巴赫(Mönchengladbach)[①],则不在考虑范围内。全世界一流的职业球队都是如此,对国籍设限的队伍,很难脱颖而出、名列前茅。

分工,同时也代表着交易行为之发生。因为想得到自己无法制造生产的东西,就必须付钱购买。而这样的交易——也就是分工,有可能限制于国界以内且不会伤害企业吗?关于这个问题,可以举例来做说明。

西班牙柳橙很好吃、德国汽车性能良好,而无论西班牙人或是德国人,都希望能同时享受柳橙的美味并拥有一部好车。由于两国人民皆善于发挥己长,因此,不管西班牙人或德国人,都可以享受彼此辛勤工作的成果。

假设某天一位德国政客突然想到,如果德国可以自己种柳橙,就不必再从国外进口,这样又能创造工作机会。于是,德国通过一项法令,从此不准再从西班牙进口柳橙到德国。而广辟柳橙果园的做法,也的确使得某些失业者找到工作。

但是德国的气候并不适合栽种柳橙,成长期太长,收成又差。况且,由于德国人工昂贵,帮忙采收的德国工人工资也高。结果,

[①] 位于德国西北之城市,其足球队历史悠久,亦为德国甲级联赛的成员。

超市出现柳橙的时间延后，又因阳光不足，比起西班牙柳橙既小又酸。而且，所有德国柳橙生产条件都一样，缺乏竞争，所以价格昂贵。

最后，第一线的消费者是头号输家，因为他们必须付出更高的价钱，买下质量更差的产品。接下来，消费者因为买了变贵的柳橙，必须在其他方面省下来，例如，少看一场电影，或少上一次理发店等。这些商家因顾客减少而少赚了钱，则是第二号输家。事情尚未结束，西班牙的柳橙出口商一样很伤心，因为失去德国的订单，生产过剩的柳橙必须低价抛售，少赚许多钱，是第三号输家。少赚这笔钱，便无法订购新的德国货车，只好将换车计划延后。这样一来，制造货车的德国车厂，变成第四号输家。

这个例子虽然极为简单，不过至少已经提出，类似的经济限制政策可能造成的影响。

全球化又将何去何从

这波全球化还产生了一个很重要的结果，便是造就了中国、印度、巴西等国的崛起。尤其是中国，近二十年来经历了重大的转变，早已跻身于工业国家之列。中国制造不再局限于塑料玩具、便宜收音机，或各种廉价商品，在许多产业中，中国已是传统工业大国的竞争对手。中国经济迅速成长，也使人民消费水平大大提高，父辈无法且不敢想象的产品，如汽车、国外旅游，或是布置时尚的家居环境等，对这一代中国人而言，已是家常便饭。中国中上阶层的强大购买力，同样造福了许多其他国家的企业。特别是当美国与西欧各国接连陷入经济风暴时，世界上仍有人继续强力消费，还真是一件好事呢。

你买的是品牌，还是商品

一件耐克或阿迪达斯的T恤，价格可能是普通品牌T恤的十倍，为什么仍然有许多年轻人趋之若鹜？正如前面所提到，价格低廉并非产品热卖的唯一关键，若消费者认为某个产品很酷很正点，无关价格高低，产品一样可以大量销售。无论是耐克、阿迪达斯、红牛、可口可乐，或是iPod，这些商品的共同特征，就是品牌知名度极高。几乎全球所有消费者都认识这些品牌，这些厂商推出的产品就是品牌产品。不过，品牌知名度，并非自然形成，而是厂商不惜砸下重金，通过广告短片、平面广告及大型广告海报等宣传方式，强力促销产品的结果。

经济学关我什么事
ECONOMICS IN LIFE

就以红牛为例。今日扬名全球的红牛品牌,是一家奥地利企业所创,总部设于福煦湖畔的福煦小城(Fuschl am Fuschlsee)。2006年红牛饮料全球销售总额高达26亿欧元[①],读者可能会问,26亿欧元到底有多少呢?可以想象一下,假设读者每天可以领1000欧元的零用钱,全部领完约要7100年。

据红牛老板所称,每年公司用在广告及营销的支出,超过9亿欧元。也就是说,公司花在广告上的钱,很可能比在产品制造上要多许多。红牛饮料的成分无非是水、代糖、糖、酸度调节剂等,原料价格绝对不可能昂贵。广告的目的,不仅打开饮料知名度,更要使红牛饮料成为热门产品;使消费者认为,购买或饮用红牛饮料,就有幸福快乐的感觉,并且,为了这种感觉,多花些钱也是值得的。

红牛能量饮料质感黏稠,味道甜腻,尝起来像是液体版的小熊软糖。造成年轻人趋之若鹜的原因无他,就是流行。为什么红牛可以创造流行?红牛又是如何变酷变潮?

红牛成功的秘诀,便在于产品成功地与许多看起来跟饮料无关的各种大型活动挂钩。红牛公司每年花大笔钱赞助各种高危险运动的比赛,例如,参加一级方程式赛车(Formel 1),或是举办红牛飞行大赛(Red Bull Flugtag)。红牛飞行大赛通常于岸边举行,参赛者

---

① 2013年已超过50亿欧元。

必须使用自制的飞行装备，从斜坡下冲至水面。谁能维持最远不落水、装备最有创意且表演精彩，便可获得冠军。

此外，红牛也赞助德国一年一度的"爱之大游行"[①]、设立电影替身特技奖[②]、举办皂飞车大赛[③]和风筝冲浪竞赛，近年来甚至活跃于足球界中。更有甚者，红牛还现身于电影大屏幕，在《瞒天过海2：长驱直入》里，出现在巨星布莱德·彼特和乔治·克隆尼身边。

极限运动、爱之大游行，再加上布莱德·彼特，这一切听起来充满刺激、百无禁忌，且既酷又潮，完全符合年轻人所追求的生活形象。因此年轻人愿意掏钱购买产品。这是红牛公司的营销策略。而事实证明，这也是一个相当成功的策略，至少从标价可以证明：1公升的红牛饮料价钱是可口可乐的3倍，而可口可乐比起其他竞争对手，已经不算便宜了。

所有成功的品牌，都给消费者一种非买不可的感觉。就像爱

[①] Loveparade，此游行为户外电音嘉年华，深受年轻人的喜爱。自1989年起开始举办，不幸于2010年发生意外，造成21人死亡，超过500人受伤之惨剧，因而永久停办，成为历史。

[②] Taurus World Stunt Awards，此奖成立于2001年，是一个专门颁发给替身演员的奖，可说是替身界的奥斯卡。

[③] 皂飞车又称肥皂箱赛车，比赛规定参赛者所使用的车子必须是自制，且无任何动力系统装置，红牛公司在世界各地举办此类比赛，并于2013年在台北举行。

经济学关我什么事
ECONOMICS IN LIFE

迪达斯一样,早年风光一时后,消费者便失去新鲜感,不再引人注意,变成落伍无聊的商品。直到1986年,美国饶舌嘻哈乐团Run DMC推出一首名为《我的阿迪达斯》(暂译,My Adidas)的单曲,主角是阿迪达斯70年代所推出的"明星"(Superstar)运动鞋款。这首单曲脍炙人口,深受全球年轻人的喜爱。甚至有人宣称,球鞋不绑鞋带的穿法,便是由Run DMC主唱所带起的风潮。

在此单曲造成旋风之后,阿迪达斯即与乐团签约代言广告。这首单曲对阿迪达斯来说意义非凡,从此,阿迪达斯摇身一变,摆脱落伍无聊的形象,就像饶舌嘻哈歌曲一样,又成为新鲜刺激的代表。通过广告代言,饶舌歌手的形象首先转移至阿迪达斯品牌,再转嫁至购买者身上。

另一个运动品牌耐克,则是找罗纳尔迪尼奥[①]代言。广告一开始,罗纳尔迪尼奥拿到一双新的耐克球鞋,脱掉旧鞋穿上它,便开始以脚控球,保持球不沾地。紧接着,连续四度将球踢向球门门框,再弹回脚上继续控球,最后,片尾再补上一球。在这个广告中,罗纳尔迪尼奥展现出了神乎其神的精准球技,让所有踢足球的人,无不希望自己能像他一样。看了这个广告,观众会生出一种感觉,认为只要穿上罗纳尔迪尼奥脚上那双球鞋,就离这个希望近一

---

① Ronaldinho,巴西足球明星,有球场魔术师之称。

些，进而掏钱买下球鞋。

不过，不是所有知名品牌都是很酷很潮的，像德国面纸品牌Tempo①，或是德国洗涤剂老牌Persil②、万宝路（Marlboro），或是德国Uhu胶水③，这些产品既不潮也不流行，但是品牌带给消费者某种保证。例如，Persil洗衣粉就是值得信赖的高质量产品，在德国曾推出脍炙人口的广告词："因为你知道，你有什么。"（Da weiß man, was man hat）而这个广告词，其实适用于所有品牌产品。消费者只要看到品牌名称，便知道是什么东西，不必花时间考虑，品牌带来保证，且值得信赖。

还有，麦当劳也是一个无人不知、无人不晓的知名品牌，代表无须餐具、不必讲究餐桌礼仪且充满现代感的饮食。全球麦当劳都一样，提供迅速上菜的餐点服务。各地麦当劳食品口味还相当一致，只有印度和日本是例外，大概这两个国家的消费者还无法接受美式食品的口味。

而从美国人的角度来看，全世界各地的麦当劳提供了离乡在外

---

① Tempo在德文已成为面纸的同义词，可见其知名度之高，如台湾地区舒洁或五月花。

② 如台湾地区的白兰洗衣粉。

③ 如台湾地区的南宝树脂。

的游客，品尝家乡风味的可能性。

再举品牌服饰H&M为例，这个来自瑞典的知名服饰企业，全名为Hennes & Mauritz。而H&M这个品牌所指涉的对象，并非商品，而是企业。就像笔者女儿宣称，消费者一眼就可以认出H&M的衬衫、裤子或毛衣，因为产品有类似的风格，且给人走在潮流尖端的感觉（笔者女儿还透露一个秘密：H&M服饰款式比起其他品牌较为宽松，使女性顾客有变瘦的错觉。但胸罩尺寸则正好相反，这种做法也取悦了不少女性顾客）。

在H&M每三个星期便推出新T恤或裤子的设计蓝图，全球各大分店几乎每天都有新货上市，因此也出现品牌粉丝们每日造访的现象。而且，H&M产品价格还相当平价亲民，在德国一件T恤不到5欧元，牛仔裤则不到20欧元。而消费者只要一看到H&M的品牌标签，脑中马上浮现所有H&M广告宣传的特色，这也是企业投下重资于广告宣传所获得的成果。

H&M成功地结合了两大优势：一个既酷又潮的企业形象，外加价格亲民。实际上，T恤造价极为低廉，现今生产过程几乎完全不需人力，全靠机器完成。一旦机器生产超过百万件T恤后，制造成本更是微乎其微。而一货柜可以装上百万件T恤，分摊下来，一件T恤的运费更是寥寥无几，因此就算加上运输成本也还是非常便宜。对H&M这些大型连锁厂商而言，T恤进货的价钱更是便宜，因为订单数量极为庞大，对生产T恤的制造商而言，也是一笔相当有保障的生意。

既然T恤或裤子等大宗产品的生产成本不值一提，品牌企业大部分的资金，便不必支付于生产成本，而是投注在营销广告上。

贵了一千倍的牛仔裤

一件品牌商品的标价，除了商品本身价值，还要加上消费者感情的投注，因此品牌商品通常也较为昂贵。在德国，平价超市所贩卖的牛仔裤，一件可能只要12欧元，经典牛仔裤品牌Diesel，则是十倍的价格。不过，还有更贵的牛仔裤，就像名牌"7 for all Mankind"牛仔裤，价格是廉价牛仔裤的一百倍。这个昂贵的高级牛仔裤，首先出现于美国洛杉矶。据设计师宣称，此牛仔裤具有托高臀部，修饰双腿的功能，使身材看起来更为修长。因此不少好莱坞女星，如妮可·基嫚、卡梅隆·亚亚和葛妮丝·帕特洛等，皆纷纷购买此款名牌牛仔裤。而穿在女星身上的牛仔裤，也随着明星们在各大报纸杂志上的照片，闻名于全世界。不久，许多女性消费者都想拥有一件"7 for all Mankind"的牛仔裤，穿上它，仿佛成为好莱坞女星一样与众不同。就为了这种特殊的情感，消费者愿意付出昂贵的高价。

或许品牌带给消费者的感觉,不过是像童话般虚幻。毕竟,再美的广告词,都是厂商创造出来笼络消费者的。时间不断流逝,潮流不断改变,如今,昂贵牛仔裤的价格下跌,品牌日渐逊色,光辉不再。

欢迎来到品牌世界

这是一个相当严肃的问题。读者必须扪心自问,在消费一事上,是否真能自主?能理性思考,并具有抵抗力?

在思考这个问题时,读者可以问问自己:是否常被广告及营销策略左右自己的意志,而常做出后悔的决定?日常开支是否常超出自己所能负担的范围,而且不只是超出一点点,而是很多?穿上平价衣物或使用地摊货时,是否会在意别人嘲笑的眼光?

对上述问题皆答是的读者,可能就有麻烦了。

虽说抵抗各种诱惑需要强大的抵抗力,不过,事实证明,种种磨炼能使人更为坚强。就像手机问世,使许多年轻人较之从前,更容易陷入负债的窘境。但是,调查显示,近年来,年轻人使用手机已较有节制,懂得如何控制开支了。

年轻人,从来不笨。

第七章

我的国家有钱吗

| 第七章 | **我的国家有钱吗**

由于一切显得如此理所当然,生活于工业发达国家的年轻人,常常忘记自己是多么幸福。生活在工业国家里,生病可找医生治疗;天冷开暖气,天热开冷气;口渴打开水龙头就有自来水,街角的便利商店可买饮料;饿了可以自己做三明治或下面吃;无聊时,有电视、网络、MP3随身听,还有Play Station可以打发时间。

比起生长于穷困国家的儿童,工业国家儿童还具有一个优势,就是有接受教育、启发智能的权利。所有工业国家的儿童都必须上学,这听起来虽然颇令人厌烦,不过,可以上学的确是一件非常幸运的事。因为无论世界何处,拥有高学历的人总是较为富有,教育是脱离贫穷的一大利器。

本章的用意,并非要告诉读者德国有多完美,实际上德国一点都不完美。但是全世界有90%的人民,希望能与德国人交换彼此的总体经济。

为什么世界上某些国家如此贫穷?这是一个相当复杂的问题,各个穷国的历史背景也大不相同。许多专家学者以此为专题进行研究,试图归纳出各个穷国共有的特质,以下便是他们的研究结果。

经济学关我什么事
ECONOMICS IN LIFE

能赚到钱的就是好经济

独裁者常有自我膨胀的毛病，以为自己无所不知、无所不能。例如，20世纪六七十年代某些非洲独裁者，就以为自己深谙分配粮食之道，下令国内所有农民必须将收成的农作物，低价卖给官方，由政府负担粮食分配的责任。由于非洲国家大多贫穷，因此收购价格极为低贱，使农民失去多种多收的动力。强行低价收购政策，造成农民不是更为贫穷，就是设法将农作物送到黑市买卖。

政府自认为比市场机制聪明，因此禁止利伯维尔市场。但是，利伯维尔市场具有一大优点，便是商人只要能推出市场所需之产品，即可获得报酬。这是利伯维尔市场内建立的奖励机制，促使商人绞尽脑汁，设法满足别人的需求。

打压与奖励一样，皆会影响人类的行为。如果勤奋地提高作物生产，或是努力推销卖出更多产品，并不会带来任何利益，人们自然兴趣缺乏。而富裕国家的人民，大多致力于买卖交易上，设法推出别人可能感兴趣的商品，希望能获利赚钱。人民能赚钱，国家便会富裕，这便是经济的真谛。贫困国家的人民难以通过交易获得利益，缺乏那根驱使人们勤奋工作的红萝卜。

私人财产的重要性

富裕国家的农民，如果想提高农作物产量时，首先会想办法购买联合收割机，以便迅速收割农作物。一台联合收割机价格不菲，通常需向银行贷款。北半球国家的农民，向银行贷款时需签下合约，载明日后若无法缴回贷款，银行可以没收其部分农地作为补偿。对银行而言，抵押农地是一种必要的担保。假设日后农夫破产，无力偿还债务时，银行便可拍卖抵押农地，拿回部分借款。

银行这种做法听起来相当残忍，且不近人情。但是，若无这项保证，银行不会将钱借给农民，农民也得不到这笔急需的资金。况且，一切幸运的话，农民抵押农地后，贷款购得农机设备，架设灌溉系统，或是施肥装置。如果没有意外，这些设备将会提高作物的产量，收成丰裕，农民将赚得比往常更多的钱。农民除去缴还贷款外，仍有富余，足以支付农民继续改善农作设备，扩大生产及养儿育女等家庭开销。

经济学关我什么事
ECONOMICS IN LIFE

贫穷国家的农民，起始点便大不相同，因此困难重重。例如，南半球国家的农民，便不可能获得银行贷款，因为他们所耕种的农地，多半不属于自己。像北半球国家农地大多为农民自有的情况，在全球仍算是少数。许多非洲农民所种植的农地是公家共有，书写成文的租借契约则非常少见。其他贫穷国家的农地，则大多属于富有的大地主，这些地主宁可任由农地荒废，也不愿送给小农耕种。

是否拥有房屋、土地等不动产的财产权，在向银行贷款时，是一个重要的关键。出身于发展中国家的秘鲁经济学家赫尔南多·德·索托[①]便发现，穷国无法翻身的主要原因，就在人民缺乏基本财产权利及法律保障。据索托调查显示，在秘鲁，人民要获得不动产产权，必须通过52个行政单位，共计207道手续的层层关卡。而在埃及，要获得一纸无可挑剔的土地所有权状，平均需要5至15年之久。

只有极少数的人，才有这样的时间与精力。放下手边的事，以5年的时间来申请一张土地权状，一般人根本无法负担这种奢侈。每天要工作要谋生，没有时间顾虑土地权，也因此无法获得任何贷

[①] Hernando de Soto，索托为"自由与民主学会"（Institute for Liberty and Democracy，简称ILD）主席，曾任秘鲁中央银行总裁，其著作《资本的秘密》（*The Mystery of Capital*）亦有中译本。

款。而无法贷款，牺牲的不只是农民，就连农机设备生产经销商及银行一样受到波及。皆因农民无法自由调度土地这项农业最大资本，造成农业、农机生产经销商及银行三种产业的萎靡不振。因此，索托认为，如果农民拥有耕种农地的所有权，则穷人其实根本不穷。索托提出呆滞资本（dead capital）的说法，并估计全球穷人掌握约值9兆2000亿美元的呆滞资本，超过全世界穷国自1945年来，从富国手中获得的国际开发援助总金额。

从这些数据中，读者不难一窥端倪，拥有稳定的私人财产制度，对经济社会而言，是一件多么重要的事。

好官与坏官

假设一位非洲农民突破重重难关，筹足资金预备架设灌溉系统。原本想采用柴油水泵汲水器，后来发现柴油取得不易，因此想改成电动水泵。可惜，公营电力公司拒绝供应电力，因为这位农民就像世界上其他40亿人口一样，没有固定地址。对电力公司而言，要确认一位没有固定地址客户的身份和住处，必须耗费额外的时间与金钱，因此拒绝供电。

经济学关我什么事
ECONOMICS IN LIFE

不少富国公民，皆对户政事务所没有好感，因为这个机构代表着烦人的表格及申请单。不过，对贫穷国家的人民而言，拥有一个上轨道的户政单位，是一件多么遥不可及的梦想。这些国家通常缺乏制度，无法保障人民安心地从事经济行为。他们欠缺法庭执达员，在欠缴契约明载之款项时，代为催收欠款；他们欠缺地政机关，将土地及房屋所有权者的数据，详细记载并妥善保存，防止遭受篡改；他们甚至欠缺一个能够有效伸张的财产权利。

更有甚者，这些国家虽然因缺乏官僚体系而带来优势，但恶劣的官僚比比皆是。贫穷国家的官僚组织繁杂庞大，更甚于富有国家。所有大小官员皆以冗长烦琐的行政文书程序，一方面支持自己存在的价值，另一方面还可阻止人民对体系提出任何要求，就连申请成立企业亦然。

对出身穷困的政府官员而言，成为一个领取固定薪资的公务员，是人生一大成就。制造更多的文书程序，只是为了维持并证明所处职位之必需。而穷困国家的公务员薪资极低，导致他们必须另辟收入来源。根据国际透明组织的调查，穷困国家公务人员的贪污情况，通常也特别严重。

| 第七章 | **我的国家有钱吗**

大市场和小市场的通路

继续以上述非洲农民为例：假设这位非洲农民不被外在恶劣条件打倒，且年度收成大好。他一定会希望能有不同的买家提供不同的收购价格，让他可以选择要将产品卖给谁。最好的情况就是找到经销商，将农产品销售至国外，这样的话，农民所能获得的报酬，也应该最高。但是附近只有一位收购农产品的运销商，且出价极低，想寻找其他运销商，必须计划好几天的行程，且因公路建设极差，旅程不仅颠簸且有安全顾虑。再者，撒哈拉沙漠以南的非洲居民，只有百分之二的人口拥有电话。可惜，这位农民并不属于2%的幸运儿，因此也无法借由电话询问及比较各处收购价格，增加他与当地运销商谈判时的筹码。

经济学家李卡多·郝斯曼[1]曾指出，落后的经济发展与市场遥不

---

[1] Ricardo Hausmann，郝斯曼来自委内瑞拉，为哈佛经济学教授，活跃于国际货币基金（IMF）与世界银行（World Bank）等国际经济发展组织，现任哈佛大学国际发展研究中心主任。

175

可及有密切的关系：没有良好及安全的公路建设，交易无法进行；没有商业交易，国家就不可能富裕。

一个标准货柜，从美国西岸至非洲科特迪瓦的运费为3000美元；而同样的货柜，从科特迪瓦运至非洲内陆，则要高达16000美元。货柜运输非常重要，因为所有商品都必须以货柜运送，如果运输费用太过昂贵，经销商也就很难找到批发商，买下货柜里的商品。如果买卖不可能带来任何利益，公司自然放弃继续进行交易。

另一个造成穷国无法进入世界主要市场的障碍，便是关税，特别是富国针对穷国产品所设下的高关税政策。以糖业为例，所有从非洲及南美进口至欧洲的糖，必须缴纳欧盟所规定的关税，造成这些国家出口的糖在欧盟价钱过高，而难以进入欧盟市场。另一方面，欧盟又提供德国甜菜制糖工业不少优惠，使其能在欧盟地区以低廉价格贩卖，比起第三世界产品占尽优势。

就欧盟糖业市场而言，利伯维尔市场已不存在，对贫穷国家相当不利。因此，不少经济学家呼吁取消关税制度，使穷国能有更多的机会。但反对取消关税的从政者也不少，例如，不少欧洲政治人士认为，取消农产关税会使德、法两国农民陷入破产的窘境，还会使他们失去选票，无法继续连任。

据开发援助机构国际乐施会（Oxfam International）调查显

示，每年发展中国家缴纳的关税高达1000亿美元，是他们从富国获得援助及救济金额总数的两倍。从这点看来，这个世界果真复杂难解。

愈多海港表示愈有钱？

美国经济学家杰弗里·萨克斯[①]曾经指出，世界上除了欧洲之外，海岸国家的富有程度是内陆国家的3倍。造成差距的可能原因有二：第一，有海岸线的国家就有海港，有运输成本低廉的海运优势，可将货物便宜地运至其他市场，卖得好价钱。比起公路及铁路运输建设，海港的设立容易且便宜许多；第二，海岸线较长的国家通常邻国较少，邻国较少代表战争的可能性较少。

这种说法当然有例外，比如瑞士。瑞士虽是不具有海岸线的内陆国家，且环绕于各邻国之中，却不妨碍瑞士成为和平、富有的国家。

[①] Jeffrey Sachs，萨克斯擅长发展经济学，其著作有《终结贫穷》(The End of Poverty)及《文明的代价》(The Price of Civilization)。

经济学关我什么事
ECONOMICS IN LIFE

将地理位置及气候视为影响人民生活的重要因素,仍然深植于许多人的观念中。早在18世纪,法国思想家孟德斯鸠①便曾建议,可将各民族居住地的气候及地理条件,对民族文化及民族性格产生的影响,列出一张表格。就自然条件而言,某些国家的确因为太热、太冷,或是太潮湿等气候因素,而不适于工作。

但是,以自然条件作为落后贫穷的理由,显得相当薄弱。例如,瑞典太冷、太暗,一年之中有半年的冰冻期,并非一个适于工作的地方,但瑞典人民却享有极高的生活水平。而美国某些地区,生活中若无冷气则难以忍受。而且,别忘了新加坡,虽然气候湿热难耐,但异常富有。

钱是靠读书赚来的

穷人或是穷国若想翻身,教育是基本关键。西非内陆国家布吉纳法索(Burkina Faso),属于世界上最穷的国家之一。这个国家的

---

① Montesquieu,1689—1755,为欧洲启蒙时期最重要的思想家,其所提出的"三权分立"之说,至今仍是民主国家宪政的理论依据。

| 第一章 | 经济关我什么事

成人，90%为不识字的文盲，无法借由阅读获得新信息。所有文字资源，对该国大部分公民来说皆无意义。例如，他们无法查阅自己国家的法律规定，也无法知道自己有什么权利；他们无法阅读报纸杂志，无法上网，因此也无从知悉，国内及世界发生了什么事情。由于无知，也容易被人操纵利用。

未受教育者，只能从事体力劳动行业，务农以养家糊口。与农业相比，还有许多产业能带来更多的利润，例如，计算机产业、媒体传播，或是旅游业，付出同样的劳动可获得更大的利益。况且，农民若不识字，也会产生困扰，例如，不少市售种子皆附有说明书，载明播种时间及如何播种等注意事项，不识字便无法阅读。

富国的农民还可从气象预报得知气候变化，以便应对。具有阅读能力的农民，可以很快接收新方法、新肥料和新种子等最新信息，进步的最大障碍，便是教育程度低。

农民只按照父辈传授的方式耕种，父辈又是从自己的父辈学来。农业在19世纪六七十年代经历重大改革而使产量大增。这些导致产业进步的新知，皆以文字发表传播，文盲无从得知。

今日印度之所以能够渐渐摆脱贫困，主要归功于印度的计算机人才：他们接手美国大企业的软件设计，帮美国公民报税，在客服电话中心解答美国计算机公司客户的疑难杂症，为美国医院判读患者X光片。他们之所以能够接手这些工作，是因为在学校学习英文,并接受良好的教育。不过,全印度仍有超过三亿的文盲人口,只有部分印度人拥有这些发展机会。

带来厄运的矿产

　　拥有丰富的油、煤、金、钻石等矿产资源的国家,表面看起来非常幸运。事实上,沙特阿拉伯(Saudi Arabia)或阿拉伯联合酋长国(The United Arab Emirates)的酋长们,也的确过着光鲜亮丽的生活。不过,整体而言,世界上矿产资源丰富的国家,发展情况通常颇为糟糕。针对此种现象,有几个可能的解释。

　　丰富的矿产常常带来战争。就像西非尼日利亚拥有丰富的油矿,但内战不断,暗杀、谋杀、绑架及囚禁之事,层出不穷。同样位于非洲之安哥拉(Angola),境内富藏石油及钻石矿产,但内战频频,长达快三十年的内乱,不久之前才正式结束,但内战所造成的阴影,至今仍挥之不去。虽然安哥拉出口石油便可赚进300亿美元,但70%的人民,一天的生活费低于2美元。生活在安哥拉或尼日利亚的大部分人民,都无法享有基本的医疗保健。内战消耗掉所有社会资源,使国家陷入贫穷。

第七章　我的国家有钱吗

另一个导致丰富矿产国家穷困的原因，则与贪婪有关。贪婪使人失去理智。如同160年前，美国加利福尼亚发现金矿，导致旧金山港口停满船只，因为所有的船员下船后都成了淘金客。工厂失去工人，农场无人耕作，报纸也失去印刷工人。自1848年至1851年止，数十万人放下手边的事，只专注于淘金。企业因此倒闭，而真正幸运中奖的淘金客，毕竟只是少数。

有了迅速致富的机会，人们也就看不上一般上轨道的经济产业，转而希冀借由矿产获得梦寐以求的巨额利润。或者贿赂政府官员，或者想办法成为政府官员，控制石油开发许可的签发，或者也可能成立政党，操控国家资金。上述种种手段，皆会破坏总体经济发展。

更甚者，这些国家元首通常因资金充裕，常有疯狂的念头，提出一些异想天开的巨型建设计划。例如，尼日利亚砸下重金打造新首都阿布贾（Abuja），或是利比亚（Libya）进行"大人工河项目"（Great Man-Made River）。据统计数据显示，贫穷国家中，拥有丰富矿产资源的国家，负债反而明显高于没有石油、天然气及黄金的国家。

欧洲的原罪

许多位于亚洲、中南美洲及非洲的贫穷国家，都曾是英国、西班牙、葡萄牙、比利时或法国等欧洲国家的殖民地。第二次世界大战后，这些国家纷纷脱离殖民国成为独立国家，这些新成立国家的边境，全是依靠当年殖民国官员的划分及军队的维持而成。一旦脱离殖民国独立，境内不同族群马上开始争夺政权，内战于是展开。这类内战的结果，通常是从前效忠殖民国的当地军队胜利获得政权。这些军事政府懂得如何令人民噤声，却不懂得让人民参与政治，因此形成独裁者，并出现所有独裁政权的毛病。

同时，欧洲殖民国也常常忘记留下独立的司法及行政机关，这类能使人民安心的政府机构。事实证明，昔日曾受殖民国较为留心统治之地，今日发展也较好，像澳大利亚及印度，就是最佳例证。

有些国家在脱离欧洲殖民国长年剥削后，不愿再将农产品及矿产卖给欧洲。这种心态虽然可以理解，但是，国家成立后随之展

| 第七章 | 我的国家有钱吗

开的经济改革,却走向一条错误的道路,即是决定走向自给自足的锁国政策。这些国家不再出口任何产品,也不允许任何货物进口,这种脱离商业市场的做法,使得国家愈来愈穷。至于为何会愈来愈穷,本书之前已有详尽的说明,情况就如一位必须自己烤面包的主治医生一样,后果堪忧。

对抗饥饿

所谓开发援助,是指富有国家给予贫穷国家的经济援助,希望借此能减轻贫国政府的负担。截至目前,富国投注大量的金钱于经济援助,只可惜,获得大部分经济援助的贫困国家,并未因此而有起色。近年来,经济大幅成长摆脱贫困的国家,特别是印度及中国,则几乎从未接受过国际开发援助。

富有国家所支付的开发援助计划,的确也拯救了不少人的性命。而这些出钱的国家与组织,通常也是好意。不过,就目前发展来看,金钱援助并未达到预期的结果,许多专家学者也认为,给予经济援助只会起到反面效果。

经济援助在某些国家产生的影响,就像矿产一样,造成某些人巧立名目，只想获得这笔钱财。例如，设立地方环保或开发协会等组织，目的只为了敛财。外人永远搞不清楚，到底哪些组织是正派经营，哪些组织只是骗钱的幌子。况且，国家贫穷的原因错综复杂，经济援助很难达到好效果。

联合国组织设有专门机构，关注全球食品与农业发展状况。这个机构也定期发表统计数据，说明全球有多少人口处在饥饿状态。1970年的饥饿人口为9.6亿，25年后则减少为7.6亿，在此同时，全球人口总数大增。这也代表，今日全球饥饿人口较之40年前已显著减少。对抗饥饿之所以能有今日的成就，最大的功臣在于农业技术的提升，近五十年来，全球粮食产量几乎是从前的两倍。

后　记

笔者必须承认，我的确希望能靠本书赚钱。要达成这个愿望，本书必须大卖。如果出书后乏人问津，心血自然也就白费了。虽然，我已经"威胁利诱"亲朋好友们掏钱买书，但是，这当然不够。因此，我在下笔时，尽量以生动、浅显易懂的方式解释生活中常见的经济知识，试图引起年轻人的兴趣。我也希望，这个企图能够成功地呈现在本书之中。

一开始，我只想从经济学基本概念出发，探讨现实发生的经济问题。随后突发奇想，何不为年轻人写一本书，使他们理解，经济其实是一个充满趣味并引人入胜的话题呢？

实际上我也发现，其实不只是年轻人，包括各行各业的从业人员，就连我自己也一样，对许多经济学知识经常是一知半解。这也成了撰写本书重要动机之一，更是笔者重新温习大学研读经济学课本的

经济学关我什么事
ECONOMICS IN LIFE

最好时机。

此外，商场上充斥着尔虞我诈的各种陷阱，通过这本书，我同时也希望读者能看穿生意人的伎俩，不致上当受骗。本书隐藏在字里行间最重要的信息即是：千万别被人卖了还帮人算钱。

本书预设的读者群有三类：一是涉世未深之年轻读者；二是为人师长，可将此书视为讲授经济学知识的参考书籍；三是一般成年人，不为别人，只为充实自己，这也是笔者所乐见的。

若本书引导出读者对经济问题产生兴趣，下列书籍值得一看：

. 《乔布斯传》（*Steve Jobs*），华特·艾萨克森（Walter Isaacson）著，天下文化出版。

. 《吃掉有钱人》（*Eat the Rich*），欧鲁克（P. J. O'Rourke）著，时报出版。

还有一本适合青少年阅读的书：

. 《钱生钱的故事》（*Felix und das liebe Geld*），尼古劳斯·皮珀（Nikolaus Piper）著，中国经济日报出版社（简体）。

此外，网络上也有不少关于经济的好文章，如德国银行公会网页：www.bankenverband.de 和德国中央银行网页：www.bundesbank.de。

德国《法兰克福汇报星期日报》所刊载的"理解这个世界"专栏，也试着以浅显易懂的方式，设法引起大众对经济议题产生关注。

后 记

长期以来，我一直希望能写出一本连自己的小孩也能看懂的书。幸蒙《法兰克福汇报》出版中心Danja Hetjens的提议，此计划方能成真。在此非常感谢编辑的信赖及支持。

本书写作期间，我的六名子女不仅每天陪伴笔者遨游于经济世界里，也不时提供心得及建议，丰富此书的内容。

写一本年轻人想看的书，并不容易。因此，当我儿子Jasper读完本书前言，立即表示很有趣并想继续看时，笔者心里喜悦，实笔墨难以形容。我那聪明且独一无二的妻子深知，当我疲惫时，写出来的文章便会深奥难懂。本书草稿经她大刀阔斧地删除、简化及润饰后，方具雏形。而德国经济学家汉诺·贝克（Hanno Beck）博士，则帮笔者审读论述，确保正确无误。

二十余年来，好友马丁·戴姆斯（Martin Dahms）是讨论经济问题的最佳伙伴。《法兰克福汇报星期日报》（*Frankfurter Allgemeinen Sonntagszeitung*）经济版，则是一个充满挑战的工作单位。两者对本书的完成，皆有极大的帮助。

文安德·冯·彼特尔斯多夫于法兰克福

名词解释

股票（stock）：股票是一种文件，持有者即拥有股份公司的部分所有权。今日股票皆已电子化，纸本股票已成为历史。部分股票可在股市买卖。

供给（supply）：所有可供交易的商品。

职业（job）：以经济目的为取向的活动，是嗜好（hobby）的反义词。

失业（unemployment）：有就职意愿，但找不到工作的人。

失业率（unemployment rate）：显示就业市场状况的重要数据，是登记失业人口数除以劳动人口数的百分比。德国负责登记管理失业或待业人口的单位是就业服务局（Arbeitsamt），登记者必须为15~65岁之间、有能力且有意愿工作的人。劳动人口则是除去军人之外、各行各业的从业人员：劳工、职员、各级公职人员、兼职人员、自由职业者及登记失业者。

资产负债表（balance sheet）：所有公司在会计年度（fiscal year）结束时，都必须将公司负债额（也就是借款金额）及拥有财产总额，清楚地记录下来。资产负债表分成两大区块，表格左边列出公司财产总额，也就是"资产"（asset），即列出登记于公司名下的所有财产，如机械设备、土地、房屋、工厂、汽车、产品、零件、银行存款及现金等。表格右边则是"负债"（liability），列出公司尚欠银行或是供货商应付款，以及股东权益（owner's equity）。股东权益金额的算法，则是资产总额减去负债总额。股东权益的来源则是：公司会计年度结算的所得，即尚未分配给股东的盈余，加上股东支付给公司的本钱。

证券交易所（Stock exchange）：简称证交所，是股票等有价证券及外币买卖场所。德国最大的证交所在法兰克福，每天都有大量的股票在此进行交易。

国内生产总值（gross domestic product，简称GDP）：国家一年内所有货物生产或服务提供的市场价格总额。

服务（service）：所有需付钱，但拿不到实体物品的交易，如清洁、修理、咨询等，皆属于服务业的项目。

股息（dividend）：或称股利，是公司拿出部分盈余，依持股数目分配给各股东的金额。

欧洲中央银行（European Central Bank，简称ECB）：欧元国家所共有的中央银行。欧洲中央银行位于德国法兰克福，主要任务为确保足够的欧元货币流通于市场上，以保持良好的经济发展，并通过货币政策，维持物价上涨速度不至于太快。

出口（export）：指所有离开生产国的有形物品、服务或金钱。

利润（profit）：利润是销售货物所得减去货物生产成本，所得的正数余额。

哈茨四号（Hartz IV）：德国失业超过一年的长期失业者，所领取的社会救助，因方案提出者彼得·哈茨（Peter Hartz）而得名。方案提出时，哈茨为德国福斯汽车董事。

进口（import）：指任何从国外输入的有形物品、服务或是金钱。

通货膨胀（inflation）：物价水平（price level）持续上升，同时伴随货币购买力（purchasing power of currency）下跌的现象。通货膨胀通常以年百分率来计算。

无力偿还债务（insolvency）：公司或个人无力偿付账单，俗称破产。若是公司无力偿债，则必须指派清算人清算公司财务，列出所有债务，并出售公司部分财产换取现金，偿还债权人。债权人俗称债主，也是欠债者仍需还钱的对象，可以是公司或是个人。清算人也可能继续管理公司，并设法筹募资金。

景气（economic situation）：即国家整体经济发展状况，由各

名词解释

项重要经济指标综合判断而得,其中最重要的判断依据便是国内生产总值。经济发展会有波动,而且还有规律,专家称之为景气循环(economic cycle)。景气循环粗略分为三个阶段,分别为扩张(boom)、衰退(recession)及萧条(depression)。

成本(cost):制造及销售某一商品的开销,须全部换算成金钱价值。成本不仅包括员工薪水、原料进货价格及土地或厂房租金等花费,也必须计算如机械耗损等费用。

贷款(credit):借来的钱,过一段时间必须连本带利还回。

薪资(wage): 就业获得的报酬。

市场(market):一个抽象场所,在此买家与卖家可进行交易,如市集、商店及网络上的拍卖网站。

垄断(monopoly):又称独占,市场为单一企业所控制,无竞争对手,因此能任意调整货品或服务商品的价格。

需求(demand):即购买欲望。

价格(price):以金钱数字表示的商品价值。

生产力(productivity):为付出与成果之间的比例关系。如果付出很多,但收获很少,便代表生产力低。

退休金(pension):给退休者的津贴。德国退休金的来源为退休保险,由雇员及雇主各负担一半,再加上联邦政府的补贴。

衰退(recession):国内生产总值连续两季倒退减少,便代表经济

191

衰退。

节省（saving）：减少开支。

税赋（tax）：政府制定强制征收之金额，且无须提供具体的对价报偿。

集体薪资谈判协议（Tarifvertrag / collective bargaining agreement）：为薪资谈判双方所签订的书面协议。参与薪资谈判，通常为某一产业的工会代表及雇主代表，谈判内容通常为薪资、工作时数、特别休假天数及各产业特殊的工作条件。

营业额（Revenue / Turnover）：销售商品或提供服务所获得的收入。

经济成长（economic growth）：国内生产总值增加。

利息（interest）：借出金钱的报酬。